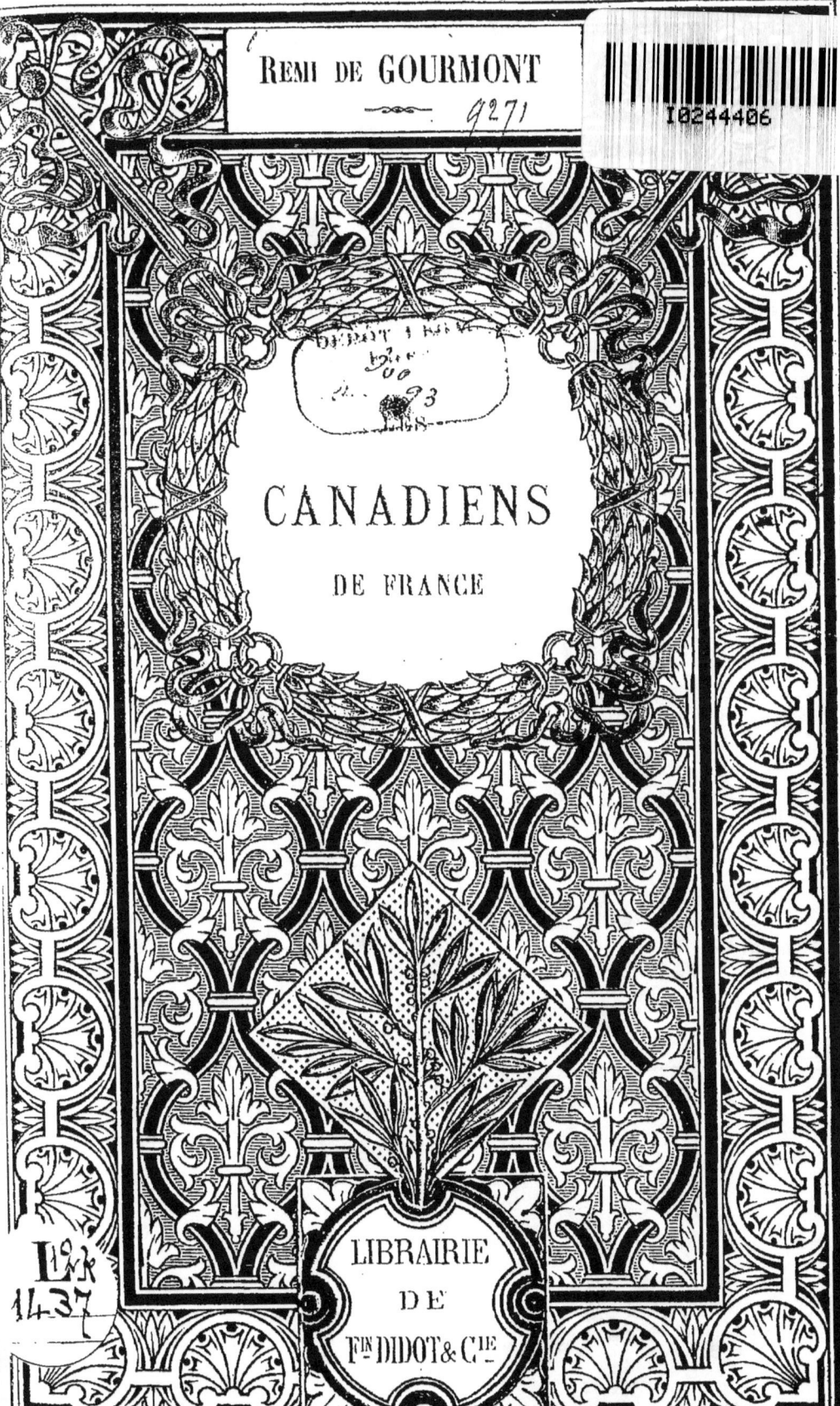

LES
CANADIENS
DE FRANCE

HUITIÈME SÉRIE. — Format in-8° raisin ill.

Typographie Firmin-Didot et Cie. — Mesnil (Eure).

Fig. 1. — Le palais du gouvernement à Ottawa.

REMY DE GOURMONT

LES
CANADIENS
DE FRANCE

OUVRAGE ILLUSTRÉ DE 42 GRAVURES

PARIS
LIBRAIRIE DE FIRMIN-DIDOT ET Cᴵᴱ
IMPRIMEURS DE L'INSTITUT, RUE JACOB 56

1893

APOLOGUE

POUR SERVIR DE PRÉFACE

L'OISEAU BLEU DU CANADA.[1]

J'ai souvenance, par une belle matinée de juillet, d'être descendu dans mon jardin au moment où l'aurore, de ses premiers feux, dorait les cimes ondoyantes des grands pins.

Au milieu d'un parterre était un vieux pommier couvert de fruits et de feuilles et cher à mes enfants, pour avoir contenu le nid de plusieurs générations de rouges-gorges. Un couple de ces aimables oiseaux, en avaient, à ce moment, choisi la fourche hospitalière, pour y placer le berceau de leur jeune famille; là, sur du fin foin, reposait l'espoir de la future couvée, quatre émeraudes. Mes yeux s'y fixèrent d'abord. La femelle était à son poste, l'œil vigilant; le mâle, perché sur la plus haute branche d'un orme voisin, l'orgueil de mon enclos, roucoulait à sa compagne l'hymne matinal.

Près du pommier, croissait un tournesol, dont la corolle,

---

(1) Extrait du *Foyer canadien;* Québec, 1863, t. Ier.

amoureusement penchée vers l'astre du jour, laissait voir, au milieu d'un feston de verdure, une vaste fleur d'acanthe; à l'extrémité de chaque feuille, étincelaient, saphirs vivants, d'innombrables gouttelettes de rosée, au centre du tournesol était posée une ravissante petite créature, dont les ailes azurées, se détachant de l'acanthe et du vert tendre, miroitaient aux rayons du soleil : elle salua de quelques notes mélodieuses, puis s'envola. J'étais ravi de tant de splendeurs...

Ce spectacle, que peut-être il ne me sera jamais donné de revoir, avec de tels accompagnements, m'éblouit par son éclat, par la vivacité de ses nuances. Était-ce la réalité, ou quelque scène féerique des Mille et une Nuits? C'était simplement l'Oiseau bleu du Canada, que j'avais vu dans toute la pompe de son costume nuptial.

INTRODUCTION

LES DEUX RACES

But de cet ouvrage. — Français et Anglais. — Raison d'être du Canada. — Canadiens ou Américains. — L'envers de la tolérance anglaise. — Plaidoyer d'un Anglais. — Le français, l'erse et le gaélique. — Plaidoyer d'un Français. — Les classes dirigeantes. — Les capitalistes. — Le Canada reconquis par la France.

Resserrer en quelques pages les traits épars de la physionomie moderne du Canada, après avoir tracé ailleurs l'esquisse de son histoire (1), tel est le but qu'on s'est proposé dans ce volume. Ce n'est ni un récit de voyage, ni un guide pour les voyageurs, mais plutôt un tableau de mœurs où l'on aurait fait entrer tout ce qui constitue vraiment les mœurs d'un pays, depuis la manière dont le paysan pousse sa charrue jusqu'à la façon dont le poète comprend la vie idéale.

De plus, il nous a semblé qu'un plan méthodique et géométrique, plus facile à remplir, aurait peut-être rebuté le lecteur, qui a le droit, tout en s'instruisant, de ne pas vouloir s'ennuyer. Nous nous sommes donc permis bien

---

(1) *Voy.* dans cette collection, *les Français au Canada,* par Remy de Gourmont. 1889, in-8°.

des zigzags; nous avons marché, non pas au hasard, mais un peu à l'aventure, ce qui est bien différent, cueillant çà et là la légende, le conte, la chanson, l'anecdote. On ne s'étonnera pas de ce que nous ayons fait une assez large place à la langue et à la littérature canadiennes; il y a pour nous justifier plusieurs raisons, et l'une d'elles est que ce sont des sujets très peu connus, bien que fort intéressants pour nous.

Quant à l'histoire politique, nous croyons qu'il suffisait d'en tracer les grandes lignes, surtout en ce qui concerne la province de Québec. Nous avons tenu, en effet à séparer, dans cette étude, l'élément français de l'élément anglais, et il fallait bien conter par quelles vicissitudes ont passé nos compatriotes, depuis la conquête, pour acquérir l'indépendance et assurer leurs destinées.

Ce livre ne comporte pas un tableau complet de la Puissance du Canada (en anglais *Dominion of Canada*); la partie, ou plutôt les deux parties françaises, la province de Québec et le Nord-Ouest devaient seules nous intéresser, car la race anglaise a donné aux régions canadiennes où elle domine un aspect qui ne diffère pas sensiblement des États-Unis. Il nous a donc semblé que nous pouvions, sans dommage pour la curiosité de nos lecteurs, sauter à pieds joints par-dessus la province d'Ontario, où les Anglais dominent sans conteste.

C'est de cette province que nous sont venues deux singulières nouvelles : l'une assez risible, l'autre d'une capitale importance.

La première était ce fait qu'un club d'Ontario a émis le vœu que la langue française fût proscrite du Canada. Risible, cette proposition, mais non : en y réfléchissant on voit qu'elle tient étroitement au mouvement annexionniste entretenu depuis peu par quelques agitateurs.

L'annexion du Canada à l'Union, c'était la seconde nouvelle dont nous voulions parler.

Pour y arriver, le meilleur moyen serait, en effet, la proscription de la langue française. Quatre ou cinq millions de Canadiens parlant anglais, ramenés par la langue aux mœurs anglaises, n'auraient plus aucun droit à l'existence séparée comme peuple : s'ils n'étaient pas annexés politiquement à l'Union, ils le seraient de fait et la seule barrière qui sépare les deux pays tomberait.

Les Canadiens doivent le savoir : s'ils veulent rester Canadiens et maîtres de leur avenir, qu'ils soient Français, c'est leur seule raison d'être. Le continent américain du Nord appartiendra à deux races ou à une seule race, mais si une seule race l'accapare, deux gouvernements seront bien inutiles : on supprimera le plus faible, ne fût-ce que par économie.

C'est pour bien montrer qu'il y a un Canada français que nous avons écrit ce livre où il n'est question que de langue, de mœurs, d'institutions françaises. Que nos frères de là-bas sachent que nous sommes avec eux et que chaque fois que s'en présentera l'occasion, nous affirmerons, en face de l'envahissement anglo-saxon les droits de notre race et son pouvoir.

Le dernier mot, peut-être, au sujet de cette annexion, a

été dit par le pape (*New-York Herald,* 15 mars 1889) : Le pape ne veut pas de l'annexion. L'on sait la profonde influence du clergé catholique sur les Canadiens français : ceux qui ne comprendraient pas que dans cette question l'avenir de leur race est en jeu, comprendront que leurs libertés religieuses en seraient diminuées.

Elle est grande, aux États-Unis, la liberté religieuse, mais elle est partagée entre tous également, tandis qu'au Canada les catholiques ont acquis, dans la province de Québec une situation privilégiée due à leur unanimité. Ces raisons, qui ne seraient pas valables pour nous, sont, au contraire excellentes au Canada où, avec la langue, la religion est le meilleur appui d'une nationalité qui ne peut se maintenir que par une lutte incessante.

Mais son avenir est certain et voici une solution : que le jour où les Français auront, par l'intermédiaire de M. Chaplean, par exemple, la haute main sur le gouvernement, on réglemente sévèrement l'immigration anglo-irlandaise qui vient tous les ans inonder le Canada, qu'elle soit, sinon proscrite, du moins atténuée et la fécondité des Canadiens français aura bientôt le dessus. Dans un pays où les familles n'ont jamais moins de huit à dix enfants, l'immigration est inutile : il faut laisser la population se développer logiquement, s'enrichir de ses propres efforts, prendre lentement, mais très sûrement possession des terres libres.

Un pays, après tout, appartient aux premiers occupants, à moins de consentement mutuel. Et ne voit-on pas, dans ce cas, que les Anglais sont des intrus au Canada ?

Fig. 2. — Marché de Montréal

Les États-Unis aux Anglais, soit, mais.... le Canada aux Français.

Ce n'est qu'un vœu, assurément, et s'il est chimérique, on nous accordera qu'il n'est pas plus subversif que celui des Anglais dont les efforts tendent à diminuer, pour ne pas dire annihiler l'influence française.

Pour avoir été portée sur un autre terrain, la lutte n'en continue pas moins. Malgré quelques coups de fusil, depuis la conquête le Canada a eu nécessairement d'assez paisibles destinées, pourtant, il ne faudrait pas croire qu'une paix sans mélange ait régné depuis lors. Sans aller jusqu'à dire, comme quelques Canadiens français, que l'antagonisme des deux races qui se partagent le Canada ne pourra prendre fin que par l'anéantissement de l'une ou de l'autre, anéantissement, s'il le faut, sanglant, il faut bien constater la vérité : malgré d'assez bonnes relations de surface, Français et Anglais, vainqueurs et vaincus, se haïssent. Mais quel est aujourd'hui le vainqueur, sinon le Français, qui si bien a relevé la tête que d'opprimé il est devenu membre du gouvernement? Dans une telle conjoncture, celui qui a commencé de céder cédera jusqu'à la fin, et celui qui a renversé un premier obstacle, les renversera tous les uns après les autres : puis les Anglo-Canadiens n'ont que des intérêts, les Français sont mûs par la foi, par le patriotisme, par le très fort sentiment de la conservation personnelle.

Selon la très suggestive expression de M. Molinari, le Canada français est une Alsace-Lorraine transatlantique. Les Anglais ont mis en œuvre tous les moyens de leur vieille expérience coloniale pour *anglifier* le Canada, et ils croyaient venir facilement à bout d'une tâche que leur grande supériorité numérique semblait rendre bien aisée. Le système employé, nous l'avons vu à l'œuvre dans l'épisode des transportations acadiennes ; le résultat, on le connaît aussi : rien n'a pu faire reculer les Français. A mesure qu'on les débarquait dans les colonies anglaises, tous ceux qui en avaient la force ; ceux qui s'étaient cachés dans les bois sortirent peu à peu ; enfin « une aptitude spéciale à croître et multiplier » fit le reste, de sorte que la population française se trouva un beau jour accrue dans des proportions vraiment fantastiques. La progression si régulière et si formidable de la population aux États-Unis est bien inférieure à celle de la population française du Canada : de 60.000, elle montait en un peu plus d'un siècle à un million et demi. Aussi, M. Hector Fabre a pu dire dans une intéressante conférence : « Si ce n'est plus le drapeau français qui flotte au-dessus de la citadelle de Québec, la ville même n'est pas moins française qu'en 1760. »

A mesure que l'élément canadien français se développait et devenait plus fort, le gouvernement de la métropole comptait davantage avec lui ; d'un autre côté, fait remarquer M. Molinari, l'Angleterre abandonnait sa vieille politique d'exploitation et de monopole à l'égard de ses colonies, se rangeait sous l'étendard du *free trade*. En 1867, le Haut et le Bas-Canada, le Nouveau-Brunswick et la Nouvelle-Écosse s'entendirent, avec l'assentiment de la métropole, pour former une confédération presque indépendante, à laquelle s'adjoignirent successivement les immenses territoires compris dans le privilège de la Compagnie de la baie d'Hudson, la Colombie britannique et l'île du Prince Édouard. L'île de Terre Neuve est demeurée jusqu'à présent seule en dehors de ce « Dominion » dont l'étendue égale à peu près celle des États-Unis et comprend une région de *terre noire*, extrêmement fertile, destinée à devenir le grenier du monde. « Le *Canadian Illustrated News* publiait, il y a quelques jours, (oct. 1880) une caricature représentant le Gargantua canadien absorbant la plus grosse part du continent de l'Amérique du Nord à la grande stupéfaction des autres nations. Le jeune et énorme géant, à la physionomie placide et inoffensive, au ventre proéminent est l'objet de l'examen envieux d'une galerie de Lilliputiens dans laquelle on reconnaît l'Allemand à son casque, le Français à son képi, etc. A l'exception du gros mais minuscule John Bull et du Yankee efflanqué, tous sont porteurs d'un arsenal complet, tandis que le Gargantua canadien se contente d'imposer par sa masse bien nourrie. Il y a encore bien des vides dans son ventre, mais ils se remplissent à vue d'œil ; et qui se serait douté, il y a quinze ans, que les blés du Manitoba prendraient place sur nos marchés, à côté de ceux de l'Ouest américain ? »

Dans la confédération, d'après l'article 133, il n'est fait aucune distinction entre Anglais et Français. Les actes officiels sont publiés en deux langues, afin de bien marquer la dualité reconnue. Les citoyens des deux races ont les mêmes droits politiques, et les Français n'ont plus à craindre aucune tentative d'absorption « violente ou subreptice » ; ils peuvent donc concourir avec leurs compétiteurs anglais sans aucun désavantage provenant du fait des institutions. Dans la pratique, les Anglais ne sont guère plus tolérants aujourd'hui qu'autrefois ; ainsi, sous prétexte que la plus grande partie des capitaux est entre leurs mains, ils font tous leurs efforts pour proscrire le français des relations sociales ; tandis que les Canadiens français apprennent la langue de leurs rivaux, les Anglais se croiraient déshonorés s'ils prononçaient un mot de français. Cette guerre n'a pas encore eu des résultats bien appréciables, mais elle peut à la longue porter des fruits ; déjà le français canadien s'est notablement corrompu, nous en dirons un mot plus loin, mais les gallophobes poursuivent un but plus radical :

« Le français, dit l'un d'eux, M. Philips Thompson, doit succomber à la longue devant l'anglo-saxon. Il ne doit pas lui être permis plus longtemps de mettre des bâtons dans les roues de notre progrès et d'entraver l'accomplissement de notre glorieuse destinée ! Libre aux politiciens de faire savoir aussi haut qu'il leur plaira leur intention de respecter les lois, la langue et les institutions des Canadiens français, même quand nous aurons obtenu la représentation proportionnelle du nombre, mais la moindre connaissance de l'histoire et de la nature de l'homme suffit pour prédire qu'aussitôt parvenus au pouvoir, nous proscrirons leur langue, abrogerons leurs lois, modifierons leurs institutions. Un devoir de justice envers nous-mêmes et envers notre postérité exige que nous transmettions intacte à celle-ci tout le territoire qu'embrasse aujourd'hui l'Amérique anglaise du Nord. On ne saurait permettre au Bas-Canada de se retirer de l'Union, ni, demeurant dans cette union, d'y exercer une part abusive d'influence. Progressivement, lentement peut-être, au début, il doit être *anglifié*. Sa richesse et sa propriété s'en accroîtront, ses ressources se développeront, son peuple s'instruira. Dans cinquante ans d'ici, la langue française sera aussi déplacée dans notre Parlement que l'erse et le gaélique dans celui de la Grande-Bretagne. »

Propos un peu présomptueux, sans doute, car rien à l'heure actuelle, ne fait présager, bien au contraire, la victoire future des Anglais. Il est vrai que le capital, ce levier si puissant est en leurs mains, mais il est possible que la masse à soulever et qui, par hasard, se trouve douée d'une très ferme volonté, refuse avec entêtement de céder aux pressions de ce précieux instrument. Quant aux périls que couve l'élément français, un Canadien a donné, à ce sujet, quelques éclaircissements à M. de Molinari :

Vous vous étonnez, dit le Canadien, de voir la couche supérieure de votre société, ce qu'on appelle chez vous la classe dirigeante, composée surtout d'Anglais; vous vous demandez pourquoi les Canadiens français sont à peu près absents du monde des affaires, tandis qu'ils encombrent les professions libérales; pourquoi nous avons tant de politiciens français, d'avocats, de journalistes, de notaires et si peu de banquiers, d'industriels, d'ingénieurs, de négociants; pourquoi notre commerce du bois, notre navigation à vapeur, nos chemins de fer sont entre les mains anglaises :

mais c'est le contraire qui serait surprenant. Dans tous les pays neufs, où les richesses naturelles abondent, mais où le capital est rare, il occupe, plus encore que dans les vieux pays où il a pu s'accumuler de longue main, une situation prépondérante. Or, le capital qui a créé nos institutions de crédit et nos grandes entreprises de tout genre, d'où nous vient-il? D'Angleterre. On n'évalue pas à moins de 500 millions de dollars (plus de deux milliards et demi de francs) le capital anglais passé au Canada, et c'est une fécondante marée qui va grossissant d'année en année. Les capitaux ne viennent pas seuls, ils amènent avec eux le personnel capable de les mettre en œuvre, personnel nombreux et entreprenant doué de la capacité et de la volonté ; et à la suite de cet état-major, l'armée des outils, les émigrants qui arrivent annuellement au Canada au nombre de 15 à 20.000, presque tous Anglais ou Irlandais.

Comment, continue le Canadien, pourrions-nous lutter contre ce torrent? Il nous faudrait pouvoir opposer les capitaux et les émigrants français aux capitaux et aux émigrants anglais : les uns et les autres nous font également défaut. Croyez-vous que, dans le cas contraire, les conditions actuelles ne se trouveraient point singulièrement modifiées? La démonstration est inutile, tant cela est clair.

On a cru longtemps que nous étions incapables de toute initiative commerciale, mais le livre de M. Barthe, *Le Canada reconquis par la France,* a quelque peu modifié le sentiment à cet égard. A la suite de cet ouvrage, dont le retentissement fut considérable, des Français de France sont venus qui se sont demandé pourquoi l'ancienne

Fig. 3. — Gare du « Canadian Pacific » à Montréal.

mère Patrie ne tentait pas, en effet, une nouvelle et pacifique conquête de ce sol jadis et pendant si longtemps arrosé du sang de ses soldats. Il s'agissait simplement d'établir entre la France et la population française du Canada des rapports financiers et commerciaux analogues à ceux qui existent entre l'Angleterre et la population canadienne d'origine britannique, et de nous mettre ainsi en position de concourir avec elle sur le terrain des affaires, tout en ouvrant un débouché nouveau aux capitaux, à la population et à l'industrie de la métropole. Voilà ce qu'il faut entendre par *le Canada reconquis par la France*. Eh bien, en dépit des sceptiques, cette idée a germé, comme toute idée féconde et elle commence à porter des fruits. Un homme d'État, qui occuperait certainement en Europe une place éminente, a eu le courage de s'engager hardiment dans la voie nouvelle que lui indiquait le sentiment public. Il a négocié un emprunt en France, quoiqu'on lui offrît de l'argent à un demi pour cent de moins sur la place de Londres, où l'on connaît nos ressources et notre honnêteté scrupuleuse. La route maintenant est ouverte : Voici venir maintenant le Crédit Foncier franco-canadien, et plusieurs autres sociétés agricoles ou industrielles. « Le clergé lui-même prête les mains au rapprochement, malgré la différence des idées qui animent les deux pays au point de vue religieux, car tout le monde comprend qu'il s'agit de l'avenir de notre race. »

Une autre conséquence de cet accord financier a été l'établissement d'une ligne directe de paquebots entre les deux pays.

La compagnie, subventionnée par le Canada et par la France, fait partir tous les quinze jours un transatlantique de Rouen et du Havre pour Québec l'été, et pour Halifax, l'hiver. Cette ligne correspond avec le grand Transcontinental Canadien, du Saint-Laurent au Pacifique et voilà une nouvelle route pour faire le tour du monde.

Une autre ligne de navigation française fait un service régulier entre La France, le Canada et le Brésil. C'est grâce aux capitaux français que le Canada a été mis en relation avec ce dernier pays resté jusqu'alors en dehors de son expansion commerciale.

Tout cela est de bon augure pour l'avenir. Déjà les statistiques des douanes se sont ressenties de la création de ces nouvelles voies maritimes. Les marchandises échangées par les deux pays n'ont plus besoin de passer par l'Angleterre ou par les États-Unis pour arriver à leur destination.

LES CANADIENS DE FRANCE

PREMIÈRE PARTIE

LE PAYS, LES HOMMES, LES CHOSES

CHAPITRE PREMIER

Le Canada oublié. — Ignorance des Anglais. — Canada et Chanaan. — Perplexités d'un missionnaire : Canada et Cana. — Gravures de mode pour sauvages. — Légendes et bévues. — Pénurie en France des livres canadiens.

On aurait pu croire qu'après avoir coûté tant de sang, tant d'argent, tant de déboires, le Canada dût rester, au moins, dans les souvenirs de la France. Il n'en fut rien ; jamais province arrachée aux flancs d'un pays ne laissa blessure plus vite guérie. Il n'y eut pas même de cicatrice, et comme on dit, quelques années plus tard, il n'y paraissait plus.

Cela avait été, du reste, la destinée du Canada de préoccuper la France, un temps, puis de lui devenir indifférent. L'ancienne royauté, si ferme dans ses revendications en Europe, et qui, avec une persévérance romaine, donna à la France cette figure géographique si chère à nos yeux et à cette heure gâtée par un retrait des lignes, l'ancienne royauté, dès que des questions d'outre-mer surgirent, ne sut pas plus que la France moderne, moins peut-être, les résoudre avec promptitude et décision.

Ainsi au Canada, François Ier y envoie Jacques Cartier, et c'est tout. Soixante-dix ans d'oubli se passent avant qu'Henri IV organise vers les mêmes parages une expédition sans lendemain. Il faut encore près d'un demi-siècle pour que Richelieu reprenne la même idée et n'en exige, encore, qu'une demi-exécution. Presque un demi-siècle encore, et, sur les débris des colonisations précédentes, Colbert renouvela une tentative de reconstruction. Malheureusement, ces découvertes successives donnèrent aux Anglais la tentation de découvrir à leur tour le Canada ; ils y envoyèrent, à plusieurs reprises, de grosses escadres et, non sans quelques horions, nous leur cédâmes la place.

Soixante mille Français, « francs comme l'épée du roi », étaient retombés dans le néant aux yeux de la France, dit un spirituel et patriotique écrivain canadien, M. Benjamin Sulte ; mais alors, on patenta à Londres d'intrépides découvreurs, qui exprimèrent le désir de commencer, sur cette terre entièrement nouvelle, une colonie de leur fabrique. En Angleterre, on les crut, parce que le pays était bel et bien tenu pour un simple désert. Il ne convenait pas de tenir compte des quelques sauvages, ni d'assez nombreux Français qu'on y avait trouvés lors de la récente redécouverte. On alla de ce train quelque temps, puis les affaires d'Europe s'altérèrent terriblement.

« La Révolution française, les guerres de Bonaparte, les affaires de l'Inde et de l'Algérie absorbaient tout. La vieille tradition d'oublier le Canada redevint toute-puissante. De temps à autre, une clameur de nos chambres faisait dresser l'oreille. On allait même jusqu'à se proposer de voir ce qu'étaient devenus les gens partis des Trois-Royaumes pour le nord de l'Amérique *in that awful cold country,* mais des complications politiques, des guerres, des intérêts *généraux* distrayaient constamment l'Européen de ce soin. Nous atteignîmes 800,000 âmes françaises, sans parler des Anglais. La paix arrivée, on ne savait plus au juste dans quel *rhumb* de vent se rencontraient nos « aspects de neige ». C'est alors que Napoléon III reprit l'œuvre tentée par François Ier et nous envoya *la Capricieuse.* Cette dernière découverte fit grand bruit au Canada, mais pas du tout en France. »

Les pages de M. Sulte sont si joliment ironiques que je continue la citation. Rien n'éclairera mieux, tout d'abord, *l'état de l'âme canadienne.*

« Dès ce moment, il semble que l'Angleterre veuille revenir à ses premiers instincts. Il y a des journalistes à Londres qui ne se trompent plus lorsqu'on leur demande si le Canada fait partie de la colonie du Cap de Bonne-Espérance ou de la République Argentine. Il est fort possible que cette fois nous ne retombions pas dans l'oubli, où, à tour de rôle, la France et l'Angleterre nous ont repoussés si souvent depuis plus de trois siècles. J'aime à croire que la liste des découvreurs du Canada est tout à fait close, car nous sommes 1,500,000 Français sur cette terre tant de fois perdue et retrouvée. Reste à éduquer les écrivains des deux grandes nations qui ont envoyé leurs enfants dans nos parages.

« Avant 1867, il y avait à peine quelques individus en Angleterre qui eussent des renseignements sur notre pays. On ne saurait croire jusqu'où l'ignorance a été poussée par moments. En 1812, un homme d'État anglais proposa d'envoyer une escadre jusqu'au fond de l'Érié pour balayer le littoral américain de ce lac. Il oubliait tout simplement les chutes du Niagara. On le prit cependant au sérieux, et des frégates partirent pour cette mission. Afin de ne manquer de rien à bord, on les avait munis d'appareils à purifier l'eau salée, — l'eau salée des lacs ! »

L'ignorance dépassa parfois les limites de l'absurdité. C'est ainsi que, dans le même temps, l'on réexpédiait à grands frais d'Angleterre au Canada du bois de construction, qui venait directement de Montréal, le tout accompagné d'outils, tels que maillets, coins, chevalets, établis, pour que rien ne manquât aux ouvriers. Il y aurait un volume à écrire sur les extravagances du commissariat anglais durant cette guerre. On dépensa longtemps 250,000 fr. par jour à pourvoir le Canada d'objets sans usage possible dans ce pays, ou pour procurer aux Canadiens ce qu'ils possédaient en abondance.

Quelques années plus tard, on fit porter une frégate à destination du lac Huron, dans le Bas Canada : le pau-

Fig. 5. — Chute du Niagara.

vre capitaine fut bien étonné d'apprendre que le lac Huron n'était pas accessible aux frégates de la marine royale et bien décontenancé lorsque, pour accomplir sa mission, il dut descendre de son haut bord et s'embarquer sur un modeste canot d'écorce.

Il n'y a pas beaucoup plus de dix-huit ans, une dépêche du bureau colonial de Londres invitait le gouvernement canadien à faire passer directement de Québec à Victoria, dans la Colombie anglaise, sur le Pacifique, un envoi d'armes et d'effets militaires. Le ministre croyait sans doute, comme jadis Champlain, que le Saint-Laurent conduisait directement « à la Chine ».

On vit des méprises peut-être plus fortes, un savant

anglais confondant le Canada et la terre de Chanaan, dans l'incroyable passage que voici : « Le mot *Canaan,* familier à tous ceux qui lisent la Bible, a été dénaturé par les savants européens qui font précéder leurs études de la langue des peuples de cette contrée par un récit abrégé de la prétendue découverte de ces mêmes peuples. Ils ajoutent que le découvreur en question fut un certain Français, nommé Cartier et que ce pays n'est plus connu que sous le nom de *Canada.* Cette corruption d'un nom si souvent cité dans l'histoire Sainte est au moins étrange! »

C'est du vaudeville ou même de l'opérette! mais qu'attendre du peuple quand des professeurs d'Université en arrivent à ce degré d'ignorance par rapport à un pays grand comme la moitié de l'Europe. En vérité, nous en sommes toujours au temps de François Ier ou d'Henri IV, au temps où on découvrait le Canada!

Les missionnaires ne sont pas mieux instruits. Écoutez cette confession faite il y a quelques années par un révérend père que sa maison envoyait évangéliser le Canada :

« Rien de plus étrange, avoue naïvement l'excellent religieux, que la manière dont je fis connaissance avec le nom du Canada. J'avais été destiné aux missions et j'attendais qu'on me désignât le pays vers lequel j'aurais à me diriger. Lorsque la notification du départ me parvint, je fus fort intrigué d'y lire le nom de *Canada.* C'était pour moi un profond mystère. Je me rendis sans retard chez un ancien de notre communauté à qui je confiai mon

embarras. Celui-ci me dit, après un moment de réflexion :
« Ce doit être une erreur ; on a voulu écrire *Cana;* ce-
« pendant, comme Cana est en Terre Sainte et que je ne
« connais aucune de nos missions de ce côté, vous feriez
« mieux de vous enquérir. Pour ce qui est de *Canada,* cela
« ne signifie rien. » J'étais assez perplexe, ajoute le père ; je
trouvai enfin quelqu'un qui me dit vaguement qu'il exis-
tait un pays de ce nom, mais où était-il situé ? C'était plus
qu'il n'en savait. Bref, je ne l'appris que de la bouche de
notre supérieur, et encore sans trop d'explications sur la
nature de la contrée. Du moment que c'était en Amérique,
tout était bien, et je me mis en route, rêvant de cocotiers,
de bananes, de palmiers, de singes, de perroquets, de cro-
codiles et d'orangers fleuris en plein hiver. Jugez de ma
déception lorsque je touchai terre sur dix pouces de
neige ! »

A côté de ceux qui prennent le Canada pour une terre
tropicale, il faut mettre ceux qui croient le connaître pour
en avoir ouï parler, ou pour l'avoir visité *les yeux fermés.*
Ainsi ce voyageur célébrant la hardiesse du pont Victoria, « cette construction colossale, dont une extrémité
repose sur le rivage de Sarnia et l'autre aboutit à Port-
land, dans l'État du Maine », ce qui fait précisément la
distance de Paris à Marseille. Tel, cet autre, signalant
le grand commerce d'exportation de laines qui se fait à
Tadoussac, le lieu le plus aride du Canada, le moins peuplé, où le moindre mouton n'aurait pas trois jours de vivres. Quel est celui qui prenait Chicago pour la capitale
du Canada et Montréal pour une des plus hautes monta-

gnes du globe? N'en a-t'on pas vu un autre, s'imaginer que l'île Sainte-Hélène, sur le Saint-Laurent, près de Montréal, avait reçu ce nom en souvenir de Napoléon et comme pour faire pendant à l'autre Sainte-Hélène de l'Océan Atlantique? Il trouvait le nom bien mérité « par le pic aride qui s'élève au milieu et les ravins sauvages creusés dans ses flancs ». Or, cette petite île est un bocage des plus frais, et son pic aride est un monticule verdoyant. Le nom de Sainte-Hélène lui vient de la femme de Champlain, qui fut vénérée par les Canadiens à l'égal d'une sainte.

M. Sulte raconte cette amusante et bien caractéristique anecdote :

« Un Canadien qui s'embarquait au Havre pour revenir au pays lia momentanément connaissance avec un employé, chargé par quatre ou cinq maisons de commerce, de surveiller l'expédition d'une centaine de ballots destinés au Canada. Apprenant d'où venait et où s'en retournait le voyageur, l'employé se montra tout de suite disposé à parler de cette lointaine contrée.

— Le Canada! ah! Monsieur, c'est un rude pays que celui-là! De la neige, hein! quatre pieds, six et quelquefois davantage. Avec ça un froid de trente-six mille loups, n'est-ce pas? On connaît ça.

— Je vois que vous y êtes allé.

— Non pas, je vous demande pardon. Vous n'y pensez pas, il faut avoir été pris jeune... J'ai cependant un ami qui en revient.

— Alors, vous savez ce qui en est, c'est tout comme si vous y aviez passé douze mois de calendrier.

— Je le crois bien. Figurez-vous que mon ami a été cinq mois sans voir de visages blancs autres que les personnes du poste de traite où il séjournait.

— Ah! et où donc ça, s'il vous plaît?

— Voilà, c'est un nom anglais, qui m'échappe, par conséquent, mais il était question du fleuve Mackenzie.

— Parfaitement, le Mackenzie, mais relativement au Canada véritable, au Canada que j'habite, c'est comme si vous me parliez d'un faubourg de Paris qui serait à sept cents lieues du dôme des Invalides. Et du reste, avez-vous réfléchi à quoi ou à qui pouvait servir le contenu des ballots que vous embarquez en ce moment? Vous nous expédiez des étoffes de prix, des fleurs artificielles, des rubans, des soieries, des gravures de mode, des livres, de la musique, des tapis, etc. Tout cela est-il destiné aux ours blancs ou aux renards argentés? Voyons, convenez que les deux bouts de votre géographie ne se joignent pas. »

Presque tous les livres qui ont paru en France, ou en Angleterre sur le Canada sont entachés d'inexactitudes. Les mieux faits, pour ne pas savoir se borner, donnent du pays une idée fausse en promenant le lecteur, indifféremment, parmi la vaste contrée qui s'étend au nord des États-Unis, entre le pôle et les deux océans. Le Canada proprement dit ne dépasse pas la région des lacs : il finit avec le Saint-Laurent; au delà, au nord ou à l'ouest, c'est une autre région qui fait bien partie de la vaste *Dominion* du Canada, mais ce n'est plus la terre de Champlain et de Montcalm. Pour nous, c'est à décrire les mœurs et le pittoresque de cette partie seule, du vieux Canada français que nous bornerons notre tâche : le reste, quand nous y toucherons, ne nous intéressera que par ses relations avec le bassin du Saint-Laurent, et comme son annexe.

De cette façon, il nous sera sans doute possible d'éviter la plupart des amusantes et ridicules bévues que géographes ou voyageurs ont entassées dès qu'il est question de ce pays plus inconnu à la France que le centre même de l'Afrique. Nous n'affirmerons pas, comme cet écrivain bien informé, qu'à Montréal les Français habitent un côté des rues et les Anglais l'autre, ni que tous les Canadiens français épousent des sauvagesses. Mais n'est-ce point plutôt attristant d'entendre un voyageur qui, après avoir passé près du Fort Berthier ou Sorel, deux localités distinctes et distantes de plusieurs lieues voudrait nous faire accroire que des Canadiens lui ont demandé si *France* était une ville plus belle que Québec? » Les Canadiens savent ce que c'est que la France; si nous les avons délaissés, ils ne nous ont pas oubliés; si nous les ignorons, ils nous connaissent.

D'autres légendes feraient des paysans canadiens autant d'imbéciles momifiés, s'informant près des voyageurs de la santé du roi Louis XIV et de Mme de Maintenon, ou bien maudissant *la Pompadour!* Encore qu'ils passent pour assez instruits même sur un continent où l'instruction est fort répandue, leurs notions historiques ne vont pas jusqu'à leur suggérer cette dernière imprécation. Ils seraient donc bien mieux renseignés que certain homme politique français auquel M. Turcotte, l'écrivain canadien, répondit, interrogé sur son lieu d'origine : « Je suis d'une province biffée de la carte de France par Mme de Pompadour », — et qui ne comprit pas !

Passe encore qu'Antonin Trolloppe prétende qu'à Québec, tous les Français sont porteurs d'eau ou scieurs de bois, mais que M. Duvergier de Hauranne fasse de nos compatriotes de là-bas « une race de nains, à la peau noirâtre, en proie aux maladies fiévreuses ! »

De telles erreurs ou plaisantes ou monstrueuses ne sont pas sans piquer désagréablement les Canadiens et, en les lisant, à leur sourire se mêle de l'amertume. « En France, du moins, conclut M. Sulte, notre souvenir ne devrait point être perdu ou dénaturé à ce point ; quand cela ne serait que par respect pour notre fidélité aux traditions de l'ancienne mère patrie.

« Les causes les plus évidentes de ces jugements erronés sont de trois sortes : celle qui provient du besoin que de tous les temps ont éprouvé les voyageurs de raconter des sornettes sur les pays lointains ; celle qui a pour principe la folle admiration dont l'Europe s'est éprise pour les États-Unis, et celle qui repose sur la parfaite ignorance que notre longue séparation du vieux pays de France a fait naître à notre sujet. A ces trois causes, s'en rattachent naturellement plusieurs autres de moindre importance, qui, cependant, n'ont pas peu contribué à nous faire ce que nous sommes aux yeux des Européens ; ces derniers, en effet, n'ont jamais pu se persuader qu'en dehors de leur continent, les rameaux des familles transplantées aient su retenir le caractère propre à chacune d'elles ; ils ne veulent voir dans le colon d'Amérique par exemple, qu'un être déchu, par cela même qu'il est colon, dépourvu dans une certaine mesure de la valeur intellectuelle et physique de ses ancêtres. Cette idée, absurde au suprême degré, devrait, dit-on, disparaître devant l'évidence des faits. Oui, si les colonies étaient connues de l'Europe, mais elles ne le sont pas, et le Canada, moins que les autres. Pour ne parler que des derniers trois quarts de siècle, les Français, Chateaubriand en tête, ont popularisé un Canada imaginaire, fermé par les glaces, éclairé par les aurores boréales, peuplé d'ours blancs, d'Indiens et de renards bleus. »

Enfin, les Canadiens qui parlaient dans le désert ont été entendus. Leurs livres, leurs revues, leurs journaux sont parvenus en petit nombre à un petit nombre d'entre nous : cela suffit pour qu'ils aient affirmé aux Européens une civilisation très courageuse et point du tout médiocre.

Que de lacunes, cependant, dans la connaissance que nous pouvons avoir de l'esprit canadien! Nos bibliothèques ne renferment pas le centième des livres français imprimés à Québec ou à Montréal. Tandis que, par une condescendance de vaincus, nous nous encombrons de tout ce que produit l'Allemagne : ce n'est que par hasard que l'on peut arriver à mettre la main sur un livre canadien. Est-il donc dans la destinée de ce pays d'être, tous les demi-siècles, découvert, puis oublié et n'arriverons-nous jamais à nouer avec nos frères transatlantiques des relations suivies, plus qu'amicales, plus que cordiales, fraternelles!

Nous avons la confiance que ces pages et celles qui vont suivre contribueront un peu à ce résultat.

CHAPITRE II.

LE GOUVERNEMENT.

Population. — Superficie. — Fédération des provinces. — Suffrage restreint. — Mœurs électorales.

Les possessions anglaises de l'Amérique du Nord, érigées en confédération en 1867 sous le nom de *Puissance (Dominion) du Canada*, forment une vaste contrée, s'étendant irrégulièrement au sud, le long de la frontière septentrionale des États-Unis, bornée au nord par le territoire éternellement glacé de la baie d'Hudson, à l'est par l'Océan Atlantique, à l'ouest par le Pacifique.

Les limites actuelles du Canada renfermaient, d'après le recensement de 1881, une population totale de 4,324,810 habitants, sur lesquels on compte 1,300,000 Français d'origine; on peut dire qu'aujourd'hui, après dix ans, cette population est d'environ cinq millions, dont plus d'un million de Français d'origine.

Le Canada comprend 7 provinces ou États, car dénommées provinces, elles se comportent, en réalité, à quelques exceptions près, comme les États à peu près souverains de l'Union américaine, la puissante voisine. Ces provinces sont : la *Nouvelle-Écosse*, le *Nouveau-Brunswick*, l'*Ile du Prince Édouard*, *Québec*, *Ontario*, *Manitoba*, la *Colombie anglaise*. Il faut y ajouter trois territoires : le Labrador, le Nord-Est et l'immense Nord-Ouest, partagé lui-même en quatre districts destinés à devenir provinces un jour quand la colonisation sera venue à bout d'un pays, en somme, difficile à mettre en culture : Assiniboia, Alberta, Saskachewan et Attabaska.

Quant à l'étendue évaluée en chiffres de ce vaste ensemble, et de chacune de ses divisions, il est tout à fait inutile de l'exprimer : que disent 900 millions d'hectares ? un coup d'œil jeté sur une carte montrera (point de comparaison que les chiffres ne donnent pas) que la France pourrait y être contenue environ dix-sept fois. Il faut encore faire remarquer que le Canada n'est point, par exemple, une immense Normandie et que la superficie des terres capables d'une exploitation quelconque, agricole ou forestière, est singulièrement diminuée par d'importantes régions tout à fait stériles, des lacs, des marécages, des parties glacées qu'on ne s'avisera pas de vouloir conquérir, du moins d'ici à bien longues années.

La forme du gouvernement est fédérale, c'est-à-dire qu'il y a un gouvernement central dont le siège est à Ottawa, pour gérer les intérêts généraux de la Puissance ; et que chaque province a son gouvernement particulier pour la conduite de ses affaires locales.

Le gouvernement central comprend un gouverneur, un sénat, une chambre des communes, un ministère exécutif.

Le gouverneur général est nommé par la couronne.

C'est le seul lien qui rattache le Canada à la métropole. Les Canadiens sont absolument libres, sous une constitution des plus libérales, de se gouverner à leur guise et selon leurs intérêts, et cela au point que les marchandises anglaises qui pénètrent dans la colonie sont soumises aux mêmes droits que les marchandises provenant des pays étrangers.

Le sénat (80 membres) est nommé à vie par le gouverneur en conseil, et dans ces nominations, il est entendu, dans la pratique, que l'avis du cabinet est toujours prépondérant.

C'est le suffrage populaire, très légèrement restreint, qui élit la chambre des communes (211 membres). Pour voter, il suffit de justifier d'un avoir estimé à 1,500 fr.; le citoyen, qui ne peut dans un pays où le gain est dévolu à tout travailleur de bonne volonté, où l'épargne est si facile, amasser une fortune aussi modique, est censé incapable de prendre part à la conduite des affaires publiques. Il est bon que celui qui par son vote peut bouleverser l'État ait au moins quelque intérêt à ne pas le faire; pour les Anglais, le vote politique est moins un droit qu'une garantie du gouverné contre le gouvernant et celui qui n'a rien à perdre ne saurait réclamer qu'on lui garantisse la possession de ce qu'il ne détient pas. Nous nous gouvernons par d'autres principes, ou plutôt nous avons des principes et les Anglais n'ont que des règles pratiques.

Pris dans la Chambre des Communes ou dans le Sénat, le ministère est responsable devant le Parlement, comme en Angleterre ou en France, et non pas seulement vis-à-vis du gouverneur, qui fait office de président, ainsi qu'aux États-Unis.

Dans chaque province, les lieutenants-gouverneurs sont nommés par le gouvernement fédéral, mais le pouvoir local est entre les mains d'une assemblée législative, élue dans les mêmes formes que la Chambre des Communes.

Il s'en faut donc de bien peu que le Canada ne jouisse de la plénitude de l'indépendance. La constitution qui le régit depuis plus de vingt ans, c'est lui-même qui l'a d'abord dictée par l'entremise de ses représentants; après quoi, elle a été soumise à l'approbation du Parlement britannique, qui l'a votée sans y faire de changements. Là donc, comme en Angleterre, le vœu de la majorité, exprimé par le Parlement, est la loi suprême.

Reste à savoir si dans ce pays, assez neuf à la liberté et à la vie parlementaire, les institutions, imitées des institutions anglaises, fonctionnent sans aucun heurt et avec une parfaite régularité.

Jetons, par exemple, un regard sur le suffrage universel ou *presque* universel dont jouit le Canada.

Le clergé, qui joue en toutes choses un grand rôle, n'est pas sans influence sur les élections, encore qu'il lui soit absolument défendu de s'en mêler. Mais comment délimiter ce qui est permis à un curé de paroisse à titre de citoyen respecté et consulté, et ce qui lui est interdit à titre de prêtre?

Après chaque élection, nombre de contestations surgissent aussitôt; c'est une suite de procès de corruption ou du moins de curieuses enquêtes qui jettent un jour très vif sur l'intime des mœurs politiques. Voici quelques frag-

Fig. 5. — La sortie du parlement canadien à Ottawa.

ments de procès-verbaux d'enquête; le premier est un chef-d'œuvre de rouerie normande..

Demande. — N'était-il pas notoire, pendant votre élection, que presque tous les membres du clergé du district électoral vous étaient favorables ou étaient favorables au parti politique dont vous étiez candidat, c'est-à-dire au parti conservateur?

Réponse. — Quelques-uns de ces messieurs; l'opinion était partagée.

D. — Quels sont ceux qui étaient contre et quels sont ceux qui étaient pour!

R. — Je ne puis pas dire.

D. — Combien y en avait-il pour et combien y en avait-il contre?

R. — Je ne sais pas.

D. — Comment avez-vous pu savoir que l'opinion était partagée parmi ces messieurs?

R. — Par ce qu'on en disait.

D. — Qui vous en a parlé?

R. — Des amis politiques et des adversaires politiques.

D. — Vous en rappelez-vous quelques-uns?

R. — Non, pas dans le moment.

D. — Les adversaires vous disaient-ils que le clergé vous était hostile, ou bien qu'il vous était favorable?

R. — Je crois que mes adversaires disaient qu'il y avait quelques-uns de ces messieurs favorables et quelques autres de ces messieurs défavorables.

D. — Vous a-t-on jamais dit quels étaient ceux qui étaient favorables?

R. — Non.

D. — Avez-vous pu jamais savoir ou avoir idée de ceux qui vous étaient défavorables?

R. — C'est très difficile à dire.

D. — En avez-vous connu un seul qui vous *était* défavorable?

R. — Je n'en ai pas connu un seul qui *était* ouvertement contre, ni je n'en ai pas connu un seul qui *était* ouvertement pour.

D. — Savez-vous qu'il était notoire, pendant l'élection, que la plupart de ces messieurs faisaient des sermons très forts en faveur du parti conservateur et en faveur de votre candidature?

R. — Quelques-uns me disaient que oui, et quelques-uns me disaient que non. »

N'est-ce pas admirable cette façon de répondre? Voilà une enquête en bon chemin.

En une autre circonstance, le candidat est accusé d'avoir voulu corrompre un électeur en lui donnant de l'avoine; avant de savoir la vérité, il est à croire que le magistrat enquêteur y a renoncé.

En somme, tout cela est assez innocent et, ainsi que le fait remarquer M. Molinari qui a recueilli ces intéressants détails, ces mœurs électorales sont d'une honnêteté rare comparées à celles des voisins de la grande république; les *politiciens* du Canada ne passent pas pour trafiquer de leur mandat et les chefs de parti jouissent d'une réputation sans tache.

CHAPITRE III.

HISTOIRE ET POLITIQUE.

Premiers agriculteurs. — Seigneuries et concessions. — La Révolution de 1791. — Insurrection de 1837. — Les deux Canadas. — Constitution de 1841. — Equilibre politique. — Fin du régime féodal. — Nouvelles agitations politiques. — Rivalité des deux Canadas.

Ces préliminaires établis, occupons-nous du *Canada français*, proprement dit, c'est-à-dire de la province de Québec.

La ville de Québec, qui a été le berceau de la colonie, fut fondée par Samuel de Champlain, en 1608 ; ce n'est qu'à partir de cette époque que les Français eurent des établissements permanents au Canada.

Distraits de l'agriculture par le commerce des pelleteries, sans cesse aux prises avec les tribus sauvages, qui leur disputaient le sol pied à pied, il s'écoula quelque temps avant que leurs défrichements occupassent une certaine étendue. La fondation de Montréal, en 1642, transporta à 60 lieues dans l'intérieur un nouveau foyer de colonisation, qui ne tarda pas à prendre une grande importance. En 1663, la création d'un conseil supérieur dota la colonie d'un gouvernement civil, et le progrès prit son essor.

Dès l'origine, les terres propres à la culture qui bordent

le grand fleuve du Saint-Laurent avaient été divisées en seigneuries de plusieurs lieues de superficie, et concédées aux colons qui, par leurs états de service militaire ou par leur naissance, en étaient jugés dignes, à la charge pour eux d'y établir, sous un certain délai, un nombre déterminé de colons tenant feu et lieu, et d'y bâtir un moulin pour moudre le grain de leurs censitaires. Ces obligations contribuèrent grandement à assurer les défrichements dans la colonie. Les seigneurs, dans le but de conserver leurs privilèges, se transformaient en agents de colonisation, car si les colons faisaient défaut dans leurs domaines, il leur fallait de toute nécessité en faire venir eux-mêmes de France. C'est ainsi que la plupart des seigneuries ont été établies.

On appelait, et on appelle encore, *censitaires*, les propriétés de terres concédées dans les seigneuries. Le seigneur était tenu de faire cette concession sans deniers comptants, à la charge d'une simple rente d'un sou et d'une pinte de blé par arpent. Loin d'être à charge à leurs censitaires, les seigneurs étaient leurs protecteurs naturels, leurs conseillers; ils restèrent longtemps fidèles à ce noble rôle qui, dans la suite des temps, finit par devenir inutile, quand les petits propriétaires enrichis furent devenus, à leur tour, de véritables seigneurs.

Grâce, en effet, à la fertilité du sol, à un travail opiniâtre et à une vie simple, les colons ne tardèrent pas à vivre à l'aise. Petit à petit, l'humble chapelle en bois, érigée au centre de chaque paroisse, fit place à l'église en pierre, surmontée du clocher, sans lequel il n'est pas d'église ; le presbytère suivit de près, ainsi que la salle publique, lieu de réunion où s'assemblent les fermiers tenanciers, pour conférer ensemble sur les questions d'intérêt public et nommer leurs officiers municipaux.

Telle était la colonie lorsqu'éclata la guerre désastreuse de 1760, qui devait mettre fin à la domination française. Appauvrie par cette lutte qui durait déjà depuis cinq ans, par une disette de deux années consécutives, la colonie perdit encore par la conquête un nombre considérable d'habitants, qui préférèrent passer en France, comme le traité de 1763 le leur permettait, plutôt que de se soumettre à la couronne britannique.

Ces événements, nous les avons racontés dans un précédent volume (1) ; de ceux qui suivirent, nous devons dire un mot, sans trop nous écarter, pourtant, de notre but, qui est l'histoire de la seule province de Québec et de son développement particulier.

Ce développement subit un temps d'arrêt, ou plutôt, sous les vexations anglaises ; il passa inaperçu pour faire soudain explosion plus tard et stupéfier les conquérants, qui se croyaient maîtres et que les vaincus mettaient en demeure de leur rendre des comptes.

Conformément aux actes de capitulation, les lois civiles qui avaient régi jusqu'alors la colonie et les institutions qu'elle possédait, furent maintenues dans leur intégrité, et jusqu'en 1867, comme l'a fait remarquer M. H. Fabre, jusqu'au vote de la constitution définitive, le Canada était

---

(1) Voy. *Les Français au Canada* ; 1 vol. in-8° fig.

régi par la *Coutume de Paris*. Néanmoins, l'hostilité du gouvernement entravait le progrès de l'élément français, jusqu'à ce que en 1791, les efforts du clergé canadien finirent par obtenir une importante modification au profit des vieux Canadiens. Le vent de la liberté soufflait : il fallut lui obéir et concéder au Canada un régime constitutionnel bien imparfait, mais sous lequel commença une ère de paix et de prospérité relatives. La population d'origine française qui, grâce à sa prodigieuse vitalité, s'était plus que doublée depuis la conquête, se trouva maîtresse de ses destinées dans le Bas-Canada, aujourd'hui la province de Québec.

De son côté, l'élément britannique, grossi par les émigrants d'Europe, aussi bien que par l'accession des royalistes américains, qui, après la guerre de l'Indépendance, avaient abandonné les États-Unis, domina sans contrôle dans le Haut-Canada, aujourd'hui province d'Ontario. Ainsi débarrassées des rivalités de race qui auraient pu leur nuire, les deux provinces grandirent côte à côte, développant chacune les institutions qui lui étaient propres.

La constitution de 1791, cependant, encore qu'assez libérale, laissait beaucoup à désirer sous certains rapports ; notamment en ce que les ministres de chaque province se trouvaient en dehors du contrôle de la législature. A divers intervalles, les mesures arbitraires de ces gouvernements irresponsables amenèrent de graves conflits entre le pouvoir exécutif et la majorité des représentants du peuple. Dans le Bas-Canada, surtout, ces griefs politiques joints aux susceptibilités nationales souvent blessées, prirent, vers 1834, le caractère d'une bouillante agitation. Petit à petit, les luttes du parlement furent transportées parmi le peuple, et en 1837, une insurrection éclata. Victorieux

Fig. 6. — M. Mercier.

d'abord, les insurgés sans armes et dépourvus d'organisation, furent bientôt mis en déroute ; la constitution fut suspendue et la loi martiale proclamée. Dans le Haut-Canada, l'agitation, purement constitutionnelle à son origine, s'envenima aussi au point de requérir la répression à main armée.

A la suite d'une enquête minutieuse sur les causes de ces troubles, le parlement britannique, dans le but d'y mettre fin, décréta l'Union législative des deux Canadas, qui fut proclamée en 1841. La nouvelle constitution, tout en établissant cette union, laissait néanmoins subsister leurs limites respectives et décrétait l'égalité de représentation entre elles. Aussi, le Bas-Canada, dont la population dépassait alors de près d'un tiers celle de l'autre province, accueillit-il l'Acte d'Union avec la plus grande répugnance. Il l'accepta cependant et, grâce à d'heureuses alliances entre ses chefs et ceux du parti réformiste du Haut-Canada, il se vit bientôt à même de regagner sa légitime influence, un instant menacée.

Une fois l'équilibre politique établi entre les deux provinces, une seconde phase de paix commença. C'est alors que l'instruction primaire, grâce aux ressources combinées de la colonie tout entière, put être organisée et mise dans une très bonne voie de progrès. Quelques années plus tard, on vit apparaître le régime municipal, cette autre école primaire, où le peuple apprend à faire fonctionner en petit les institutions parlementaires qui le régissent.

A l'aide d'un magnifique système de canaux, la navigation du Saint-Laurent fut ouverte sans interruption jusqu'aux grands lacs qui l'alimentent et offrit aux produits de l'ouest le débouché naturel qui les a toujours attirés depuis et finira peut-être par être leur unique route vers les marchés européens. En même temps, un vaste réseau de chemins de fer et de lignes télégraphiques unissait les uns aux autres les grands centres commerciaux et agricoles des deux provinces et faisait, à travers les forêts, de larges trouées, qui ne tardaient pas à se couvrir d'intrépides défricheurs.

L'élan imprimé au pays par l'accomplissement de ces grandes entreprises donna au commerce, à l'industrie et à l'agriculture un vigoureux essor, que l'abolition du régime féodal vint seconder fort à propos. Les idées, les habitudes avaient bien changé depuis l'introduction de ce régime dans la colonie : les fluctuations du commerce, l'activité imprimée aux affaires rendaient les mutations de propriétés fréquentes et, au lieu d'être pour le censitaire une protection comme autrefois, le droit du seigneur gênait les transactions journalières et empêchait les capitaux de se diriger vers les améliorations agricoles. Il fallait s'en débarrasser : c'est ce qui eut lieu en 1854. Peu de temps après les lois civiles furent réformées et mises en harmonie avec les mœurs nouvelles.

Pendant ces importantes, mais toutes pacifiques conquêtes des Canadiens-Français, le Haut-Canada ne restait pas inactif et développait rapidement ses ressources. Grâce à l'émigration considérable qui lui était venue des Iles Britanniques, sa population dépassait, en 1861, de près de 300,000 âmes celle de l'autre province. Les rôles étaient désormais intervertis ; l'ambition politique s'en mêla et les Hauts-Canadiens réclamèrent un accroissement de représentation proportionné à l'excédent de leur population. Le Bas-Canada, qui, à l'époque de l'Union, avait eu à se plaindre d'une disproportion bien autrement choquante, opposa une résistance inébranlable à cette prétention. Les partis politiques, désorganisés par cette grave question, se succédaient au pouvoir, sans pouvoir trouver une solution satisfaisante.

Les choses en étaient à ce point, lorsqu'en 1864, les provinces maritimes, désirant former une confédération entre elles, se réunirent en convention à Charlottetown, dans l'île du Prince-Edouard, pour jeter les bases de l'union projetée. Les membres de l'administration canadienne, dont quelques-uns, depuis 1859, méditaient une confédération qui eût embrassé toutes les provinces de la colonie sans exception, trouvèrent le moment propice pour exposer leurs plans. Ils ne trouvèrent aucune opposition, et un peu plus tard, les délégués de toutes les provinces se réunissaient à Québec et adoptaient le projet de confédération, qui, le 1er juillet 1867, est devenu la constitution de la Puissance du Canada.

Telle est, en peu de mots, l'histoire des vicissitudes et des progrès de la province de Québec, ou du vieux Canada français, depuis ses commencements jusqu'à ce jour.

Sous ce régime, qui est celui de la liberté et du respect des aspirations populaires, le parti français a acquis une influence qui pourra devenir un jour décisive. Si les capitaux sont aux mains des Anglais, la politique tend à passer en celles des Français, qui, plus remuants, en arrivent à dominer de toute la puissance de leur activité les flegmatiques Anglais. Ces derniers, qui songent surtout aux affaires, se plaignent, en effet, que les Français font trop de politique; mais, comme c'est à peu près, avec les lettres, la seule haute carrière où ils puissent prétendre, il n'est pas étonnant qu'ils aient tourné leurs efforts de ce côté.

Nous ne parlons pas, ici, de la province de Québec, où l'élément anglais est insignifiant comme nombre, mais bien de la chambre des communes et du ministère central où un Français, M. Chaplean, joue, depuis quelques années, un assez grand rôle. On lui prête même l'ambition de devenir premier ministre, en remplacement de sir John Macdonald; si elle se réalisait, les Canadiens français auraient une belle revanche, car M. Chaplean est très populaire, dans l'un et l'autre parti, et son influence réellement dominatrice. Entre ses mains, le pouvoir ne serait pas un vain mot, si nous en croyons certains Canadiens qui souhaitent vivement cet événement.

L'homme politique le plus marquant du gouvernement local de la province de Québec est M. Mercier, qui dirige avec un patriotisme ardent servi par une rare intelligence, les destinées du petit peuple français dont il est le champion.

CHAPITRE IV.

LA COLONISATION.

La province de Québec. — Le climat. — Produits du sol. — Sociétés agricoles. — Comment on devient colon. — Conquêtes sur la forêt. — Les défricheurs. — Privilèges des colons. — Commerce du bois. — Les mines.

Les Canadiens français sont répandus inégalement dans le territoire. Il y en a partout; il y en a même en dehors du Canada, puisque les États américains du Nord, le Maine, le New-Hampshire, le Vermont, l'extrémité de l'État de New-York en comptent plus de 500,000; mais ils se groupent au nombre d'un million et demi le long du Saint-Laurent : là les campagnes entières lui appartiennent. La rare population anglaise ou irlandaise de la province est concentrée dans les villes et peuple surtout la partie sud des cantons de l'Est et la vallée d'Ottawa. Ces Français sont de purs Canadiens d'origine, car depuis la conquête, nos compatriotes, qui n'émigrent guère, ont totalement oublié le chemin du Canada, et l'on peut dire que les efforts du gouvernement de Québec pour attirer les colons français ont été peine perdue : il faut espérer qu'il n'en sera pas de même à l'avenir et que ce nom de

Canada finira par pénétrer dans les provinces françaises qui fournissent les émigrants qui s'en vont à la Plata et par attirer quelques familles. Peine perdue, c'est trop dire, puisque, depuis quinze ans, une dizaine de mille de Français et de Belges ont débarqué au Canada, mais ce chiffre est bien faible en regard du flot humain qui annuellement part d'Angleterre. Sans vouloir prêcher la dépopulation de la France, par l'émigration, il est bien permis de souhaiter que ceux qui ne peuvent vivre sur le sol de la patrie aillent grossir le nombre des Français qui ont besoin du nombre sur les rives du Saint-Laurent pour lutter contre l'envahissement anglo-saxon.

Tout devrait les attirer. Le climat, d'abord, n'a pas la rigueur exagérée que la légende lui attribue. L'hiver, il est froid, mais salubre et les chaleurs n'y sont pas excessives, comme un peu plus bas, à la hauteur de New-York. La neige, qui y tombe en abondance, est loin d'être aussi défavorable aux travaux de l'agriculture que les Européens sont portés à le croire. Grâce à la longueur des hivers, les terres jouissent d'un repos complet pendant cinq mois ; de là, une rapidité de croissance qui se rencontre rarement ailleurs au même degré. C'est là, d'ailleurs, un fait que les cultivateurs français, normands, par exemple, connaissent bien : quand l'hiver a été très rude, quand la neige a persisté longtemps, la nature, en quelques semaines au premier rayon de soleil, rattrappe, et au delà, le temps perdu. En somme, aux environs de Québec, un sol bien cultivé produit autant que les bonnes qualités de terres anglaises, ainsi que l'ont prouvé les statistiques comparatives mises en lumière par un cultivateur canadien, M. James Snowdon.

L'île de Montréal est surtout renommée par l'excellente qualité de ses pommes, et l'île d'Orléans, près de Québec, l'est également pour ses prunes. Le melon et la tomate acquièrent des proportions considérables et parviennent à une maturité complète en

Fig. 7. — Pionnier du « Bois Franc ».

plein air. La culture du maïs, du houblon, du tabac donne un rendement suffisant. Le chanvre et le lin sont des plantes indigènes et peuvent se cultiver sur une grande échelle dans la province.

Une autre preuve que le climat canadien n'est pas, après tout, si rigoureux, c'est que les moineaux s'y sont aisément acclimatés. A Québec, on les voit voltiger en grand nombre de toit en toit, égayer les places publiques par n'importe quel temps, durant la saison d'hiver. Mais qui donc a eu cette idée, charmante en somme, d'emporter au Canada un couple de ces petits oiseaux mi-familiers, mi-sauvages, sans lesquels il n'est pas de jardin parfaitement gai? l'histoire ne le dit pas.

En été, l'on jouit, de Québec à Montréal, de la température estivale de Marseille ou de Toulouse.

Le sol de la province est d'une grande richesse et susceptible de tous les degrés de culture; on ne peut même lui reprocher à l'heure actuelle que d'être insuffisamment cultivé et surtout engraissé; les paysans canadiens lui demandent plus qu'ils ne lui donnent, et il paraîtrait qu'il commence à montrer moins de bonne volonté. Cependant, et malgré des soins très superficiels, il produit en abondance les céréales, le foin, les légumes, et il y a encore tant et tant de terres vierges qu'on est loin d'avoir besoin de penser à cette triste ressource des pays européens, la culture intensive.

Si l'Amérique a donné au vieux monde le phylloxéra et autres bestioles malfaisantes, l'Europe a donné au Canada la mouche hessoise, qui s'attaque au froment et en a rendu la culture assez précaire : aussi, maintenant, s'adonne-t-on surtout, dans la province de Québec, à l'élevage, qui a donné de bons résultats. En même temps, des sociétés agricoles s'organisaient, on combattait le fléau, et le labourage reprenait peu à peu concurremment avec l'élevage, en doublant les chances de gain, en diminuant les chances de perte. En somme, depuis vingt ans, l'agriculture a fait des progrès autour de Québec et le paysan, l'*habitant*, comme on dit là-bas, n'y est pas à plaindre.

Comme en France, il est presque exclusivement agriculteur, l'industrie étant concentrée dans les grandes villes.

L'étendue moyenne des fermes est de 40 acres (15 hectares) dans les anciennes seigneuries qui bordent le Saint-Laurent, et de 100 acres (40 hect.) dans les nouveaux établissements des *townships* ou cantons. Sur une ferme de cette étendue, un cultivateur industrieux vit avec sa famille dans une aisance inconnue au paysan européen et pourvoit facilement ses enfants.

La plupart des familles fabriquent elles-mêmes, avec le lin qu'elles cultivent et la laine de leurs troupeaux, les étoffes nécessaires à leurs vêtements ordinaires. Il fut même un temps, qui n'est pas très éloigné, où les cultivateurs tenaient à honneur de façonner eux-mêmes jusqu'à leurs habits de fête. Il y a encore certaines localités où cet usage s'est conservé, mais, là comme ailleurs, la terrible division du travail est venue se mettre en travers des anciennes coutumes, et la *confection* américaine a vaincu le vêtement patriarcal.

Dans les seigneuries, où les fermes valent assez cher, le nombre des cultivateurs qui peuvent établir leurs enfants autour d'eux se restreint, et il n'y a guère lieu de s'en étonner si l'on songe que la plupart des familles se composent de dix à douze enfants. Assez souvent le père vendra sa ferme et ira s'établir sur les terres publiques, qui lui sont offertes à un prix purement nominal. Aidé de son capital, en peu d'années, il aura conquis sur la forêt un magnifique domaine. Tantôt, ce seront les fils qui iront s'ébaucher un établissement dans les bois; tantôt, des familles entières, chassées par la misère, auxquelles la forêt offrira un refuge et le moyen de reconquérir l'ancienne aisance.

La population des cantons forestiers a une tout autre allure que celle des seigneuries; elle se déplace volontiers. Un colon aura défriché la moitié, le quart d'une ferme, s'il se présente un acquéreur avec des offres avantageuses, il la vendra pour aller recommencer plus loin un nouvel établissement. Les premières récoltes qui suivent le défrichement étant extrêmement abondantes, il ne manque pas de gens qui font ainsi une partie de leur vie le métier de défricheurs : ils deviennent en peu de temps experts dans ce genre spécial de travail, s'y complaisent et y trouvent le prix de leurs peines.

Les sociétés de colonisation et les documents officiels conseillent sagement aux émigrants d'acquérir, s'ils le peuvent, une ferme à moitié défrichée, plutôt que de se lancer eux-mêmes en pleine forêt. Moyennant un prix assez modique, 2, 3 ou 4,000 francs, il aura, sur une ferme de 100 acres, dès le premier jour, 15 à 20 acres de culture,

Fig. 8. — Le flottage du bois sur l'un des affluents du Saint-Laurent.

une maison, une grange, grossièrement construite mais suffisante : le premier pas se trouve fait, il n'y a plus qu'à travailler avec persévérance, pour se trouver en quelques années à la tête d'un véritable domaine.

Dans la province de Québec, le grand mouvement colonisateur a commencé en 1848. C'est alors qu'obéissant à la voix zélée du curé Labelle, un groupe de défricheurs, parti des environs des Trois-Rivières, traversa la savane profonde qui, jusque-là, avait fermé l'entrée des fertiles cantons de l'Est aux habitants. La plupart de ses pionniers n'avaient pour tout bien que le mince bagage qu'ils emportaient sur leurs épaules, mais c'étaient des hommes pleins de cœur et doués d'une rare énergie : ils se rendirent à pied, à travers la forêt marécageuse, jusqu'à un endroit connu sous le nom de *Bois-Francs*.

Peu nombreux d'abord, ce groupe de colons s'accrut rapidement, malgré le défaut de communications. Le sol était d'une grande fertilité dans la région, et les promesses brillantes de l'avenir leur faisaient oublier les fatigues et les privations du temps présent. Leur succès fut proclamé par la presse ; il se forma un courant, et douze ans plus tard, c'est-à-dire lors du recensement de 1861, les Bois-Francs contenaient une population de 15,000 âmes, rivalisant de bien-être avec les habitants de la vallée du Saint-Laurent.

Tandis que le district des Trois-Rivières se frayait un chemin vers les cantons de l'est, les habitants des comtés de l'Islet et de Kamouraska, sur la rive sud du fleuve, formaient, au moyen d'un capital assez considérable, une société de colonisation et allaient, à une distance de plus de 50 lieues, implanter une colonie dans le Haut-Saguenay, à Hébertville. Vingt ans plus tard, la vallée du Saguenay avait une population de plus de 20,000 âmes.

L'opinion publique, éveillée par la hardiesse et le succès de ces entreprises, ne tarda pas à réclamer l'aide du gouvernement, pour seconder les efforts des colons, en faisant ouvrir des chemins partout où la colonisation avait chance de réussir. Le gouvernement entendit l'appel et les routes sillonnèrent les forêts de la province : plus de 10 millions de francs y furent consacrés et rarement fit-on meilleur placement. Ce ne fut pas tout : des sociétés de colonisation se formaient un peu partout; l'État les encouragea, les protégea, voulut contribuer aux premiers frais, donner le moyen aux colons pauvres d'acquérir des terres sans bourse délier, leur fournir les premiers grains de semence, les premiers outils, les premières provisions de bouche. Plus de soixante sociétés de colonisation fonctionnent aujourd'hui dans la province avec l'appui du gouvernement.

Entre autres privilèges, les nouveaux colons ont celui de ne pouvoir être saisis; du moins, on doit leur laisser les objets suivants, dont le détail fournira plus d'un trait de mœurs :

1° Le lit, la literie et les couchettes à l'usage ordinaire du débiteur et de sa famille ;

2° Les vêtements personnels ;

3° Un poêle et son tuyau, une crémaillère et ses accessoires, une paire de chenets, un assortiment d'ustensiles

LE PAYS, LES HOMMES, LES CHOSES.

de cuisine, une paire de pincettes et une pelle, une table, six chaises, six couteaux, six fourchettes, six assiettes, six tasses à thé, six soucoupes, un sucrier, un pot au lait, une théière, six cuillères, tous rouets à filer et métiers à tisser destinés aux usages domestiques, six volumes, une hache, une scie, un fusil, six pièges, les rets et les seines de pêche ordinairement en usage;

4° Le combustible, la viande, le poisson, la farine, les légumes nécessaires pour la consommation ordinaire du débiteur pendant trois mois;

5° Deux chevaux ou deux bœufs de labour, quatre vaches, dix moutons, quatre cochons, huit cents bottes de foin, les autres fourrages nécessaires à l'hivernement de ces animaux;

6° Les voitures et autres instruments d'agriculture.

On voit que les colons sont ainsi protégés contre eux-mêmes et que, dans de telles conditions, la vie est assurée aux plus imprudents.

Dans toute la province, les forêts exploitées comme bois de commerce sont nombreuses : c'est même la branche principale du trafic canadien. 30 à 40,000 hommes sont occupés, avec environ 5 à 6,000 chevaux, à la coupe des arbres et à leur extraction : organisés sur les bords des rivières gelées, la débacle emporte à destination, au printemps, sans autres frais que la facile surveillance des convoyeurs les trains de bois qui se dirigent ensuite sur les États-Unis, sur l'Europe, jusque vers l'Océanie. Les principales rivières sur lesquelles se fait le commerce de bois sont l'Ottawa, le Saint-Maurice, le Saguenay et leurs tributaires. L'exportation du bois dépasse pour la province le chiffre de 50 millions de francs.

Le sol renferme des mines d'or, de cuivre, de fer. Un district qui se nomme *la Beauce*, contient quelques riches filons d'or, encore difficiles à exploiter, mais dont l'avenir est, paraît-il, certain. Le cuivre est abondant dans les cantons de l'Est, et le fer, presque partout ; la fonte canadienne a une grande réputation sur le marché américain. Enfin, on a découvert, sur les rives du Saint-Laurent, de vastes dépôts d'oxyde de fer magnétique, avec lequel se fabriquent directement des aciers comparables aux meilleurs produits suédois.

Telle est l'histoire moderne et la physionomie de cette vaste province, qui n'est qu'une très petite partie de la Puissance du Canada ; mais c'est assurément la plus intéressante pour nous autres Français à qui elle dut ses premiers habitants civilisés, ses premiers défrichements, le commencement d'une prospérité qui, malgré quelques arrêts, n'a fait que croître depuis trois siècles.

CHAPITRE V.

LE SAINT-LAURENT.

<small>Le Canada, c'est le Saint-Laurent. — Fleuve ou mer. — Les Laurentides. — Deux rives françaises. — Une légende française : La fiancée de l'amiral Walker. — Le pilote Paradis.</small>

On a dû le dire, l'écrire même bien des fois, mais l'aspect seul de la carte de l'Amérique du Nord le suggère, le Canada, c'est le Saint-Laurent. Si l'on entend exclusivement le Canada français, cela devient une bien plus incontestable vérité. Toutes les villes françaises sont nées du fleuve, et le fleuve n'a créé que les villes françaises : l'histoire ne serait pas là pour nous l'apprendre, que ce fait seul témoignerait de leur ancienneté relative et de leur primauté, car c'est par les fleuves que les pays furent conquis ou colonisés.

Le Saint-Laurent est une des plus magnifiques de ces routes naturelles. De l'embouchure du golfe à Montréal où s'arrête la grande navigation, sa longueur est d'environ 1,200 kilomètres, et sur cet immense parcours les plus imposants navires transatlantiques, ceux qui jaugent jusqu'à 6,000 tonneaux, y voguent sans encombre entre deux rives de verdure. Au delà de Montréal, grâce à un système très riche de canaux, les navires d'un moyen tonnage peuvent encore faire près de 1,600 kilomètres, sans autres obstacles que des écluses, et gagnent ainsi Duluth, sur le lac Supérieur. On peut donc dire que le Saint-Laurent, prolongé jusqu'à l'extrémité des grands lacs par une légère amélioration de sa disposition naturelle, pénètre dans le continent américain à une profondeur de 2,800 kilomètres. Peu de chemins pareils ont été tracés à la civilisation, par la nature ou par les hommes, et il serait bien étonnant qu'elle n'en eût pas profité.

La largeur du fleuve répond à son développement : à la hauteur de la rivière de Saguenay qui descend du nord-est, elle est de 24 kilomètres, de 52 à Rimoaski, de 200 vers l'embouchure, à la hauteur de l'île d'Anticosti. Du Saguenay à Québec, il ne se rétrécit guère, et à la ville même, où les deux rives pourtant se resserrent un peu, le fleuve roule encore ses flots sur une largeur de plus de 12 kilomètres.

Fleuve ! les Canadiens ne l'appellent pas ainsi, surtout les riverains : pour eux, le Saint-Laurent, c'est la mer ! une mer qui marche par son courant et par ses marées, dont le flux retentit jusqu'à Québec avec une violence tout océanienne.

Lorsqu'on arrive au Canada, dans la belle saison, et que l'on évite les glaces flottantes qui descendent jusqu'au travers de l'île d'Anticosti, et par conséquent les brumes froides formées à leur contact, c'est un beau spectacle que la descente du Saint-Laurent. La largeur du fleuve, les collines gracieusement ondulées et bien boisées de la rive méri-

Fig. 9. — Vue du Saint-Laurent.

dionale, les montagnes abruptes de la rive du nord, dont le relief s'accentue à mesure que l'on avance dans l'estuaire, tout cela rappelait à un voyageur les bords pittoresques et romantiques du lac de Constance. Mais là, le spectacle est plus grandiose à la fois, et plus changeant, le long de « cette avenue des Champs-Élysées du Nouveau Monde ». Ni le Mississipi avec ses eaux boueuses et son cours tortueux, ni l'Amazone avec ses rives basses et presque invisibles, ne peuvent rivaliser en majesté et en grandeur avec ce fleuve admirable, dont les eaux, épurées par les innombrables lacs que traversent ses affluents, réfléchissent dans un miroir de cristal les cimes déchiquetées des Laurentides.

Telles sont les impressions d'un voyageur qui, cependant, ne manifeste pas un enthousiasme exagéré pour le Canada ; mais leur sincérité même nous engagera à y faire appel quelquefois.

Les bords du Saint-Laurent, nous l'avons fait remarquer tout d'abord, sont purement français; la proportion anglaise y apparaît absolument insignifiante. Ainsi, sur 20,000 habitants, le comté de Bellechasse compte à peine une centaine d'Anglais, et à Montmagny, à l'Islet, à Kamowasko, a Temisconata, Rimonski, Charlevoix, Montmorency, Chicontimi, toutes localités riveraines, la proportion, un peu plus forte parfois, ne dépasse jamais 1 sur 25. C'est entre deux rives bien françaises que l'on pénètre dans la Nouvelle-France. Chaque année, de nouvelles paroisses se forment en arrière des anciennes ; et, même vers le sud, l'élément franco-canadien commence à envahir les portions limitrophes du Nouveau-Brunswick et du Maine. Au nord, le vaste territoire qui s'étend dans la partie supérieure de la rivière Saguenay et tout autour du lac Saint-Jean a reçu, depuis vingt-cinq ans, plus de 30,000 colons, Canadiens français, qui ont arpenté plus d'un million d'hectares de forêts, en ont pris possession, en ont recommencé l'exploitation.

Il faut bien reconnaître que la beauté des rives du Saint-Laurent, surtout de la rive nord, n'est qu'un trompe-l'œil. Les fermes, les maisonnettes blanches, qui font juger le pays très fertile et très peuplé, cachent, comme un rideau d'illusions, le désert qui s'étend derrière elles. En réalité, les terres de culture ne forment guère que deux bandes parallèles d'une largeur variable, mais qui dépasse rarement 16 à 20 kilomètres. Sur la rive nord, les terres cultivables ne commencent même réellement que quelques lieues avant d'arriver à Québec. De ce côté, tout l'intérieur du pays est un amas de roches de granit, dans les fissures desquelles les pins enfoncent leurs racines et qui, retenant les eaux par mille barrages naturels, donnent naissance à des milliers de lacs de toutes grandeurs. Sauf la région du lac Saint-Jean, où se trouve une vaste surface de terres alluviales, sauf d'étroites lisières sur le bord de certains cours d'eau, la partie du Bas-Canada, située au nord du Saint-Laurent, doit surtout chercher son avenir dans l'exploitation des richesses minérales et forestières.

— Cette appréciation est celle des Canadiens eux-mêmes, car voici les réflexions que suggère à M. Arthur Buies un voyage dans cette contrée désolée :

LE PAYS, LES HOMMES, LES CHOSES. 73

« La rive nord du Saint-Laurent est tout ce qu'il y a de plus inhumain. Sur une étendue de 40 lieues en aval de

Fig. 10. — La traversée s'opéra sans incident.

Québec, ce ne sont que côtes qui plongent dans les abîmes et remontent aux nues. « Le bon Dieu a vidé là son sac par secousses, me disait un habitant qui me menait en *calèche* dans ces interminables plongeons des Laurentides ; c'est pas fait pour des hommes, ce pays-*cite*, c'est bon rien que pour des sauvages. »

« Rochers, gorges, chemins empierrés se précipitant et rebondissant, voilà la rive nord de la baie de Saint-Paul à Tadoussac. On met une journée à faire 6 lieues et l'on saute constamment : cela vaut le mal de mer. On arrive comme du café moulu. »

Mais le chemin mène au Paradis, c'est-à-dire à la vallée du Saguenay.

Pour ce qui est de l'allusion au bon Dieu vidant son

sac, c'est une légende indienne qui se retrouve, d'ailleurs, dans presque tous les pays très montagneux, et notamment dans les Balkans : « Dieu, disait le vieil habitant à M. Buies qui demandait des éclaircissements sur cette bizarre plainte du bonhomme mal satisfait de la conformation de son pays, Dieu commença par faire les mers, les fleuves, les ruisseaux, puis le district de Montréal, puis la côte du sud, ça lui prit quatre ou cinq jours. Le sixième il se sentit fatigué, mais il n'avait pas encore fini ; de lassitude il vida tout d'un coup le restant du sac de la création, et voilà comment se fit la côte nord. »

Ce coin du Canada est, d'ailleurs, plein de curieuses légendes. « Les habitants du bas Saint-Laurent, fait remarquer un écrivain canadien, n'auraient pour caractère distinctif de leur origine que leur penchant irrésistible vers le merveilleux, que cela suffirait encore, et au delà, pour faire reconnaître en eux, à première vue, des fils de la vieille Armorique. En effet, leurs ancêtres sont venus de la Bretagne, et plusieurs des sites canadiens, si mélancoliques qu'on ne peut les oublier, durent leur rappeler les landes sauvages et désolées, couvertes d'ajoncs et de genêts du pays natal, ces landes mêmes qui parlent à l'imagination des temps fabuleux de l'histoire, ces landes où les grands *menhirs* montent la garde, tandis que tout près l'Atlantique laisse échapper les bruits majestueux des espaces infinis. »

Quel malheur que ces légendes canadiennes n'aient point été soigeusement recueillies! que de traits de lumière pour l'éclaircissement de certains points des annales de la Nouvelle-France, restés jusqu'ici fort obscurs et qu'on n'élucidera peut-être jamais. On le conçoit, en effet, aisément : là, comme partout ailleurs, les progrès du siècle ont accompli leur œuvre dévastatrice à travers les fouillis des vieilles choses, et les légendes ont subi ce sort fatal, les premières. Notre âge positif a sonné le glas de mort du merveilleux, et ce qu'il en restait au Canada a dû, lui aussi, avant de tomber dans l'oubli, perdre sa naïve saveur.

Cependant, et sans parler des contes proprement dits qui se retrouvent partout, ce pays a conservé quelques légendes d'un réel intérêt, histoire déformée, mais enjolivée d'une pittoresque façon par les narrateurs successifs.

Celle dont nous allons parler se rapporte au Saint-Laurent et plus d'un voyageur l'a entendue sur le fleuve même, de la bouche de quelque vieux pilote. Un littérateur canadien, M. Faucher de Saint-Maurice, a eu la bonne idée de la recueillir et de l'insérer sous ce titre, d'un assez bon fantastique, *l'Amiral du Brouillard*, dans un volume de récits analogues.

« C'était en 1711, sous le règne de la reine Anne, au plus fort de la lutte entre Français et Anglais, pour la possession du nord de l'Amérique. Un officier de marine, du nom de Walker, dont les amours avec une certaine miss Routh étaient mal vues de sa souveraine, reçut, durant une grande fête à la cour, son brevet d'amiral, mais à la condition de partir sur-le-champ et sans aucun délai pour le Canada avec son escadre.

« Le nouvel amiral répondit à cette faveur inespérée par

une obéissance immédiate. Il quitta le bal, commença aussitôt ses préparatifs et ne tarda pas à prendre la mer, mais après avoir eu soin, toutefois, de faire monter sa fiancée à bord d'un de ses vaisseaux, bien décidé à célébrer son mariage dès que la prise de Québec, dont il ne faisait aucun doute, aurait fait tomber la Nouvelle-France sous la domination anglaise.

« La traversée s'opéra sans autre notable incident que la prise, en approchant de Terre-Neuve, d'un navire français, commandé par un marin canadien, nommé Paradis, et qui passait pour le plus fin pilote du Saint-Laurent. Aussi, ordonna-t-il qu'on eût envers son prisonnier les plus grands égards, car il se doutait qu'il serait sans doute bien aise de pouvoir, à l'occasion, recourir aux services d'un capitaine aussi expérimenté.

« On pénétra dans le golfe du Saint-Laurent, et, le 22 août, les 80 vaisseaux de ligne de la flotte anglaise se trouvaient déjà par le travers de l'Ile aux Œufs. Ce jour-là, l'amiral Walker, tout radieux, se frottait les mains, en arpentant le pont de *l'Edgar*, son navire.

« Encore deux jours, trois jours au plus, et la flotte serait arrivée devant Québec, en mesure de faire parler la poudre et la mitraille.

« Le capitaine Paradis, lui, ne disait mot. Accoudé à son hauban, il se contentait de fixer sur l'horizon son œil calme. Un instant, cependant, ayant aperçu un léger nuage blanchâtre qui tranchait sur l'immensité bleue, le prisonnier tressaillit et fit mine de se pencher anxieusement en avant. Mais ce ne fut qu'un éclair, et tout de suite, son visage reprit sa physionomie habituelle, celle d'une morne et froide impassibilité.

« Le vent, soudain, fraîchit. Il s'était déclaré franc sud,

Fig. 11. — L'amiral Walker et le capitaine Paradis.

et l'*Edgar*, toutes voiles dehors, filait maintenant à la diable, suivi de près par son convoi. La nuit arrivait rapidement. On allait distribuer les hamacs à l'équipage lorsque, tout à coup, du gaillard d'avant, se fit entendre ce bruit sinistre : « Brisants à tribord ! »

« L'officier de quart, épouvanté, hurla une manœuvre d'urgence, tandis que l'amiral, se précipitant vers Paradis :

— Capitaine, s'écria-t-il, il y va de notre vie à tous : choisissez entre la barre du gouvernail ou un bout de grelin, à la grand'vergue.

— Il est sans doute inutile de vous résister, répondit le Canadien. Donnez-moi, durant deux heures, le commandement du vaisseau. Sur mon âme, je vous promets qu'il ne lui arrivera rien.

« Puis il alla se poster au gouvernail.

« Sur ces entrefaites, le ciel s'était couvert, et un commencement d'ouragan venait de se déchaîner. De temps à autre, la foudre dessinait sur l'horizon noir ses zigzags incandescents. Parfois aussi, un grondement, tout aussitôt éteint dans la grande voix de la mer, éclatait, puissant et rapide comme une décharge d'artillerie.

« *L'Edgar* filait de plus belle. Déjà l'amiral se réjouissait d'en être quitte à si bon marché, quand à l'arrière retentit soudain un coup de canon d'appel. Puis ce fut deux, puis quatre, puis huit, puis vingt coups. Bientôt, on ne les compta plus. C'étaient les signaux de détresse des autres navires, qui, n'ayant pu suivre la course de *l'Edgar*, allaient se briser l'un après l'autre sur les écueils maudits :

« Mais le désastre n'était pas encore complet. Tout à coup, une immense gerbe de feu, qu'on eût dit vomie par quelque cratère sous-marin, monta droit dans les airs, éclairant l'horreur de cette nuit lugubre, et montrant les coques béantes de huit frégates gisant éventrées sur les récifs de l'Ile aux Œufs. On entendit une détonation épouvantable, telle qu'en pourrait produire l'écroulement d'un continent et la mer se couvrit d'une foule de cadavres et de mourants.

« La foudre venait de tomber sur le vaisseau-poudrière de la flotte. A peine si quatre ou cinq navires purent échapper à la catastrophe pour aller en porter la nouvelle en Angleterre.

« Au moment du sinistre, l'amiral s'était élancé sur le pont, nu-tête criant d'une voix rauque :

— *Le Marchand de Smyrne!* qu'est devenu *le Marchand de Smyrne?*

« Hélas ! *le Marchand de Smyrne*, à bord duquel se trouvait Blanche Routh, était un de ceux qui, les premiers, avaient été jetés à la côte, et en ce moment même les flots du Saint-Laurent roulaient vers les dunes du Labrador le cadavre de l'infortunée jeune fille.

« *L'Edgar* filait toujours. Le capitaine Paradis avait tenu parole : le vaisseau amiral était sauvé, mais la flotte était perdue.

« La douleur de l'amiral fut horrible. Plus tard, quand il revit les côtes de son pays, il ne voulut pas survivre à son malheur. Après avoir mis le feu aux poudres de son navire, il s'ensevelit dans les flots avec la presque totalité de son équipage. Seuls, trois hommes, dont le capitaine Paradis, purent échapper comme par miracle.

« A quelque temps de là, ce même marin canadien, dont la main de fer avait anéanti les projets de la Grande-Bretagne, se retrouva, par un soir de brouillard, sur la route de Québec, et il vit distinctement *l'Edgar* de l'amiral Walker, qui, suivi de son convoi, glissait sur le golfe, dans la direction de l'Ile aux Œufs. L'un après l'autre, les navires doublaient la Pointe-aux-Anglais, puis disparaissaient dans les récifs.

« Depuis, chaque fois que la brume descend sur le Saint-Laurent, l'amiral Walker revient croiser près de la tombe de sa bien-aimée morte, invitant, comme pour se venger, les marins à le suivre. Et c'est pourquoi tant de navires se perdent chaque année dans ces parages. »

Nous avons, dans notre précédent volume, rapporté les faits historiques, *illustrés* ici par cette curieuse légende.

CHAPITRE VI.

QUÉBEC.

Les vieux quartiers. — Une rue provinciale. — La maison aux pigeons. — Architecture militaire. — Les fossés de la citadelle. — Le marché. — La maison du Chien d'Or. — La Terrasse. — L'Université Laval. — L'Instruction publique. — La Bibliothèque. — Les journaux français.

Si l'on veut jouir d'une belle vue d'ensemble de Québec, il faut gravir un abrupt rocher qui se dresse non loin de la cascade de Montmorency. Étrange rencontre! cette ville, capitale des « arpents de neige », prend, de ce point, un aspect oriental. Un voyageur déclare qu'il a cru revoir Alger et ses maisons en amphithéâtre. Le scintillement des toits recouverts en tôle étamée remplace l'éclatante blancheur des murailles de la ville africaine. Ce n'est là qu'une fugitive impression. Au lieu de la resplendissante mais monotone lumière qui éclaire crûment les villes du soleil, Québec s'enveloppe d'un chatoiement doux, et l'éclat même de ses toits aveuglants est tempéré par les masses de verdure sombre, qui font le charme de ses promenades.

La ville est bâtie sur une hauteur, entourée d'antiques remparts à créneaux et dominée par une citadelle géante.

Cet air moyen âge, qu'aucune autre cité américaine ne possède, est un des attraits de Québec. C'est un assez saisissant contraste que ce reste de la vieille civilisation européenne debout sur le continent aux villes modernes, industrielles avant tout, créées pour le commerce et non pour la guerre.

Pour un Américain, Québec est la curiosité de l'Amérique. L'aspect intérieur de la ville fondée par Champlain, ne dément pas cette première sensation. C'est une profusion « de lourds et bizarres édifices à pignons antédiluviens avec, çà et là, la flèche scintillante d'une église ou les murs sévères et trapus de quelque monastère ». Autour de la ville haute, les maisons de la ville basse grimpent comme à l'assaut, vieilles masures qu'on dirait épuisées par un tel effort incessant, si vieilles d'apparence qu'il est à peine croyable qu'une ville du nouveau monde renferme tant de constructions « branlantes, vermoulues, moussues, parfois hydropiques et ventrues, parfois maigres et efflanquées, et qui toutes se lézardent, se fendillent, se crevassent, s'effritent, s'émiettent peu à peu sous l'action lente du temps ». C'est quelque chose comme la reproduction de l'ancien quartier des Tanneurs, à Genève. « Mais sur tout cela un ciel presque toujours d'une pureté admirable et à l'horizon, par delà le Saint-Laurent, des paysages montagneux, aux tons bleuâtres d'une exquise finesse. » Voilà Québec.

« O ma chère vieille cité canadienne, s'écrie avec enthousiasme un habitant de cette Rome du Nouveau-Monde ; ville éminemment fantasque, puisque, par ce temps de progrès où tout s'uniformise, tu t'obstines quand même à conserver avec un soin jaloux le pittoresque labyrinthe de tes rues effroyablement pavées, avec les trottoirs casse-cou et la *calèche* de nos aïeux! Ville bienveillante et hospitalière, aux femmes justement renommées par leur grâce et leur beauté, ville où il fait si bon se laisser vivre! »

Il est facile à un touriste de perdre son temps dans Québec, et même ceux qui ne sont pas pressés ou qui n'ont pas de but déterminé s'égarent le plus facilement du monde à la poursuite d'un pittoresque incessamment renouvelé. Telle rue est tout à fait engageante à la flânerie, comme celle-ci qui traverse le marché de la ville haute et par d'obliques détours, rue ou succession de rues, conduit à la porte nommée en anglais *Hope-Gate*. La plupart des maisons de ce quartier sont de construction basse, à un seul étage, lourdes et épaisses, pierre et brique, les toits coupés par des lucarnes où verdoient des plantes d'appartement. Les portes sont peintes de couleur claire, chacune avec son large bouton de cuivre poli ou son heurtoir massif reluisant au soleil; une plaque du même métal porte le nom du propriétaire et sa profession, qui est souvent celle d'avocat ou de notaire, car Québec est fort bien pourvu d'hommes de loi.

Chaque maison, outre la porte piétonne, est pourvue d'une immense porte cochère, dans laquelle se découpe encore une autre petite porte. Les seuils sont revêtus d'une toile cirée nette et luisante, et les trottoirs de bois sont fort proprement tenus, ainsi que la chaussée au pavé rude.

On regarde au loin, et l'œil s'attarde : c'est un pan du mur d'enceinte, qui apparaît percé de meurtrières ; de place en place, une culasse de canon. Et plus loin encore, un merveilleux plan de paysage se déroule : l'immensité bleue du Saint-Laurent, un coin du village de Beauport couché sur une des berges, une étendue de prairies en pente douce, d'un vert pâle.

Parfois, un peintre s'installe là, sur son pliant, à prendre une exquisse ; alors un groupe se forme autour de lui, des enfants, des fillettes blondes, un ruban bleu dans les cheveux, des collégiens dans l'uniforme du petit séminaire ; une jeune femme derrière le rideau de sa fenêtre jette un coup d'œil furtif sur la scène, et sur le pas de leur porte de vieilles servantes regardent, la main au-dessus des yeux. Quel peintre ne s'arrêterait à prendre un tel croquis : une antique maison avec un balcon fermé de persiennes vertes ; à travers les balustrades un géranium rouge fleurit ; au-dessus s'ouvre une lucarne d'où pend une corde à croc à demi-enroulée sur une poulie, et au-dessus encore, c'est une sorte de pavillon oriental au dôme d'étain reluisant : pittoresque confusion de formes harmonisées au hasard par le temps qui s'y connaît. Cette superposition élève le toit de beaucoup plus haut que les toits voisins, et dans la fraîcheur de la lumière matinale, des pigeons blancs volent autour du dôme, s'abattant de temps à autre jusqu'à la fenêtre du premier étage, roucoulant et semblant faire des grâces à une jeune fille, qui assise là, s'occupe à quelque couture.

A Hope-Gate, le spectacle est bien différent. Cette

Fig. 16. — Vue de Québec.

porte est un monument si remarquable d'architecture militaire et si bien conservé, que peu de villes européennes en pourraient montrer d'aussi intéressant. Les lourds piliers de moëllons ont été noircis par le temps et la porte, qui n'a probablement pas été fermée une fois en ce siècle, est d'une charpente massive ferrée de clous et de verrous énormes. Les murailles à cet endroit étreignent comme une couronne le sommet de la colline où la ville est bâtie ; une rue dévale de là, en courbes murées, joignant la ville haute à la ville basse, sur l'emplacement de laquelle, en 1775, un étroit sentier de ronde longeait le Saint-Laurent. Depuis cette époque, une large bande de terrain a été gagnée sur le fleuve, et entre l'ancien sentier et les berges, des maisons se sont élevées.

Entre Hope-Gate et les premières maisons de la ville basse, on découvre de ce côté les plus étranges scènes ; c'est un coin d'une intense couleur bohémienne : granges et étables aux toitures affaissées, ateliers aux murs crevés qui s'allongent en groupes désordonnés le long de la montée dans toutes les postures de l'abandon et de la décrépitude ; de légères galeries de bois les mettent en communication avec le second étage des maisons qui s'élèvent de l'autre côté du sentier, et ces galeries suspendues ressemblent à un séchoir en plein vent, couvertes de linges, de vêtements de toute forme ; au-dessous, de vieilles femmes bavardent, des hommes fument, des enfants vagabondent au milieu de toute une basse-cour, que semblent surveiller, du coin de leur œil doux, de gros terre-neuves paresseux.

La place du marché de la ville basse est naturellement un des endroits curieux de Québec. Au milieu des boutiques, et entre deux rangs de baraques en toile, les paysans vendent leurs denrées avec de sobres paroles, prononcées d'un accent à la fois traînard et sifflant. Çà et là, parmi les charrettes, une voiture aux couleurs gaies attire la foule : c'est un charlatan *yankee,* qui débite une drogue américaine vantée dans un boniment d'un français de sa composition, dont l'imprévu fait beaucoup rire les badauds.

Parmi les vieilles maisons disparues, car tout finit par disparaître, même à Québec, un voyageur signalait, il n'y a pas bien des années, la maison du *Chien d'or,* sur l'emplacement de laquelle on a bâti la Poste.

« Cette maison, célèbre dans les traditions municipales, tirait son nom du bas relief assez grossièrement sculpté au-dessus de la porte, où l'on voit, en effet, un chien rongeant un ossement et encadré dans l'inscription suivante la première ligne au-dessus du bas-relief, les trois autres en dessous.

> JE SVIS VN CHIEN QVI RONGE L'O,
> EN LE RONGEANT JE PRENDS MON REPOS.
> UN TEMPS VIENDRA QVI N'EST PAS VENV
> QVE JE MORDRAY QVI M'AVRA MORDV.
> 1736.

« Quoique vieux d'un siècle seulement, ce bas-relief a donné lieu à plusieurs légendes où tantôt le nom de Bigot,

Fig. 13. — Citadelle de Québec.

l'intendant prévaricateur du Canada, tantôt celui du sieur de Repentigny, officier de l'armée royale, se trouvent mêlés à une histoire de meurtre commis sur la personne du premier propriétaire de la maison du Chien d'or, le marchand Nicolas Jaquin, dit Philibert. On rapporte, d'après des traditions assez vagues, que c'est la veuve du marchand qui fit placer ce bas-relief avec l'inscription sur la façade de sa maison, afin de graver profondément dans l'âme de ses enfants une haine vengeresse. On a même ajouté qu'après la chute de la domination française, un fils de Philibert aurait passé en Europe, d'autres disent jusque dans l'Inde, pour se battre avec l'assassin de son père, et que le combat se serait terminé par la mort de l'un des deux combattants. Lequel? Les traditions ne s'accordent pas plus sur ce point que sur les autres.

« Quelques années plus tard, la maison du Chien d'or acquérait une célébrité d'un ordre historique. C'est là qu'habitait vers 1782 la belle miss Prentice, dont Nelson, alors commandant d'un brick de guerre, tomba éperdûment épris. Ses amis s'alarmèrent et parvinrent à le soustraire aux entraînements d'une passion qui menaçait de rompre sa carrière. A quoi tiennent les destinées des empires? Les beaux yeux de miss Prentice ont failli épargner à la France Aboukir et Trafalgar. »

L'énigmatique bas-relief a été conservé religieusement : on peut le voir au-dessus de la principale porte d'entrée de l'hôtel de la Poste; mais hélas! sans la vieille maison dont il était l'enseigne, que peut-il raconter maintenant?

Lorsqu'on a visité la belle cathédrale gothique, l'église

anglicané, plus sévère, les quelques monuments modernes pareils dans toutes les villes, Québec offre encore d'autres distractions. La Terrasse, lieu de promenade favori des Québeckois, ombragée de peupliers, vaste plate-forme élevée de près de 70 mètres au-dessus du fleuve, offre un des plus admirables points de vue que l'on puisse imaginer. Dominée par la citadelle, elle domine à son tour le port dont les cris et les grondements montent jusque là affaiblis et adoucis.

C'est surtout au déclin d'une belle journée d'été que la Terrasse est attrayante. Le soleil, à l'horizon, s'enfonce, empourprant la ville de lueurs d'incendie, métamorphosant le Saint-Laurent en un fleuve de lave incandescente. Peu à peu, tout cela se fond, devient indécis puis soudain disparaît, après avoir brillé, une minute, d'un plus aveuglant éclat. Un grand calme, une admirable sérénité, c'est l'enthousiasme canadien qui parle, montent alors de la nature. Une à une, les étoiles s'allument au ciel, et dans le port un à un, les fanaux des bâtiments, pendant que meurt doucement le crépuscule, comme avec des battements d'ailes.

C'est à ce moment, à la tombée de la nuit que, l'été, la musique militaire donne ses concerts. Alors l'animation est grande, la ville s'est donné rendez-vous là, et si la lumière électrique ne venait pas gâter la nuit de son fade éblouissement, on passerait sur cette célèbre terrasse des heures nocturnes vraiment délicieuses.

Si Québec n'est pas une ville morte, ce n'est pas non plus une cité bien vivante. La politique se brasse à Ottawa et le commerce à Montréal. Mais c'est justement son charme d'être une grande ville de province, apaisée et un peu somnolente, charmant contraste avec les bruyantes agglomérations américaines.

Les habitants n'ont point cet air agité et presque maladif que l'on voit aux gens d'affaires dans les grandes villes : on y sait marcher sans courir. Voyez ce tableau d'une rue, vue par la fenêtre, que donne un romancier américain exact jusqu'à être méticuleux :

« Paysannes en chapeau de feutre ou de paille, les unes à pied et panier au bras, les autres dans leurs carrioles légères. Prêtres en robe noire qui, mêlés aux passants sur le trottoir à pavé de bois, s'effacent poliment pour livrer passage en soulevant leur chapeau à larges bords, en saluant d'un sourire grave. Mères de familles conduisant de petites écolières qui trottinent gaiement, leurs livres sous le bras. Jeunes ministres anglicans à la figure douce, aux yeux inquiets derrière leurs lunettes. »

Et cette rue de Québec, que l'on vous dépeint sous cette apparence si calme, est une de celles qui conduisent à la poste et c'est l'heure du courrier !

Québec est restée une ville essentiellement religieuse, et bien que le catholicisme et l'anglicanisme y vivent côte à côte en assez bons termes, le sentiment est catholique comme les institutions. Les Français y sont, d'ailleurs, dans la ville, peuplée de 65,000 habitants, et dans toute la province, environ 9 contre 2, et le respect de la vieille religion nationale fait la base et l'essence même du patriotisme. Faisant usage de la liberté britannique dont jouissent maintenant au Canada, comme en toutes les autres parties du globe, les sujets de la Couronne, les Canadiens français ont fondé à Québec une université, qui représente le centre intellectuel du pays.

L'Université Laval fut fondée en 1852 par la corporation du séminaire de Québec, qui est la plus ancienne des institutions d'éducation instituées au Canada, et nommée Laval en souvenir de M. de Montmorency-Laval, premier évêque de la Nouvelle-France. Sa charte lui a été accordée par le gouvernement anglais, sur la recommandation de Lord Elgin, alors gouverneur général. Elle comptait en 1873 quatre facultés : théologie, médecine, droit et arts (cette dernière subdivisée en lettres et sciences), 38 professeurs et 276 élèves inscrits, sans compter les auditeurs libres.

« Les édifices du séminaire de Québec et de l'Université, dit M. Chauveau dans son livre sur l'instruction publique au Canada, occupent un des endroits les plus importants de la vieille cité et couvrent avec la cathédrale et le palais de l'archevêché, la plus grande partie du terrain que Louis Hébert, le premier colon du Canada, commença à défricher en 1617. Le séminaire est un corps de bâtiments d'ancienne et pittoresque structure; l'Université proprement dite, le pensionnat et l'école de médecine sont bâtis dans le goût moderne; malheureusement on a été forcé de les entasser dans un espace étroit qui n'a pas permis de leur donner tout le développement nécessaire. Comme œuvres d'architecture, ils laissent beaucoup à désirer, mais comme distribution intérieure et installation, ils peuvent soutenir la comparaison avec ce qu'on trouve de mieux en Europe.

« De fort belles collections et une bibliothèque de près de cent mille volumes dont la partie américaine et canadienne est surtout remarquable, ont été formées soit par voie d'achat, soit par legs. L'Université, considérée d'ailleurs comme ne faisant qu'un avec le séminaire, qui possède d'immenses propriétés datant de l'époque française, n'a jamais demandé de subventions au gouvernement et les a même refusées lorsqu'elles lui étaient offertes.

« C'est donc essentiellement une Université catholique ; cependant, plusieurs des professeurs de la faculté de droit et de médecine, ainsi que le doyen de cette dernière Faculté, sont protestants, indices évidents, fait remarquer M. Chauveau, de la bonne harmonie qui règne entre les divers éléments de la population. D'ailleurs, et pour des raisons qui tiennent à l'histoire même du développement politique du pays, il n'y a pas, dans la province de Québec, d'enseignement d'État. Ainsi, l'université Mac-Gill, de Montréal, fondée en 1827, est protestante, mais sans distinction de secte, et, à l'inverse de l'université Laval, compte parmi ses professeurs plusieurs Canadiens français, c'est-à-dire catholiques. Universités, collèges, écoles primaires sont purement confessionnels.

Pendant longtemps, l'Université Laval a été le seul établissement d'instruction supérieure dans l'Amérique du Nord où l'enseignement fût donné en français. Depuis lors, son succès lui a suscité une concurrence dont l'effet ne pourra être que très salutaire. L'Université anglaise de

Victoria, dont le siège est à Cobourg, dans la province d'Ontario, s'est affiliée à une École supérieure française établie à Montréal, où la médecine était enseignée, en 1873, à 100 élèves, presque tous Canadiens français. En 1878, l'université Laval a créé à Montréal une succursale de sa faculté de droit.

« Chose singulière, fait observer M. Lamothe, bien que fondée et administrée par le clergé, l'université Laval était violemment attaquée à l'époque de mon voyage (1878), par les ultra-catholiques du pays, comme suspecte de tendances gallicanes. On avait même parlé d'ouvrir à Montréal une université plus foncièrement orthodoxe. La cour de Rome ayant donné raison à l'université contre ses détracteurs trop zélés, ce projet n'a pas eu de suite. »

L'instruction est très répandue dans toute la province de Québec ; les écoles primaires et secondaires y sont nombreuses et assidûment fréquentées. L'instruction primaire est obligatoire, mais l'obligation de s'instruire est écrite dans les mœurs autant et plus que dans la loi ; quant à l'instruction secondaire, le prix en est très peu élevé et un grand nombre de bourses permet de la distribuer gratuitement à beaucoup d'enfants. Et même, dit un document canadien officiel, « la haute éducation est répandue dans la province, à un point qu'elle ne saurait dépasser sans rompre l'équilibre qui doit nécessairement exister, dans une jeune société comme la nôtre, entre le travail intellectuel et le travail manuel ».

En aucun autre pays, si ce n'est aux États-Unis, les bibliothèques publiques ne sont aussi nombreuses et bien pourvues qu'au Canada. Plus de 150 villes ou institutions

Fig. 14. — Porte d'entrée de l'Université Laval, à Québec.

diverses possèdent des bibliothèques ayant plus de 1,000 volumes : de toutes petites villes comme l'Assomption,

Belleville, Sainte-Anne, ont leur bibliothèque ouverte à tous. Nous avons mentionné celle de l'université Laval, mais la Bibliothèque du parlement, à Ottawa, n'a pas moins de 130,000 volumes, celle de l'université Mac-Gill en possède 35,000 ; celle du collège de Montréal, 30,000, et nous pourrions allonger de beaucoup cette liste, si une indication ne suffisait pas.

Québec étant la capitale du Canada français, compte naturellement un assez grand nombre de journaux français. Comme à Londres, comme à Paris, la presse, malgré quelques dissidents, s'élabore dans un même quartier, aux alentours d'une rue fort raide appelée *Côte de la montagne*, et qui relie la ville haute à la ville basse.

Dans toute la confédération, 1,300,000 habitants de langue française, on ne trouve pas moins de 40 publications périodiques, dont 7 ou 8 journaux quotidiens. Le plus ancien de ces journaux se publie à Québec, *le Canadien*. Il fut fondé en 1806 et plusieurs fois supprimé par les anciens gouverneurs anglais, bien loin de la haute tolérance politique qui a prévalu depuis. On peut, en effet, remarquer en passant, que le gouvernement anglais supporte avec une patience merveilleuse les revendications françaises, une patience qui semble aller jusqu'à la complicité, car on se souvient et on se souviendra toujours à Québec de ce mot du duc d'Édimbourg à une dame canadienne qui ne savait que l'anglais : « Je ne comprends pas qu'une Canadienne ne parle pas français ! » Après *le Canadien*, vient *l'Événement*, qui fut longtemps dirigé par M. Hector Fabre, sénateur fédéral, et maintenant agent général du Canada français à Paris. Nous disions que *c'était* un maître journaliste, s'il ne donnait pas encore, hebdomadairement, des preuves de son talent d'écrivain et des sentiments patriotiques dans le journal qu'il a fondé à Paris pour la défense des intérêts canadiens et l'union des deux pays. *Le Journal de Québec,* après avoir été conservateur, est maintenant à la tête du mouvement libéral, tandis que *le Courrier du Canada* représente le parti ultra-catholique. Il faut encore mentionner, à Québec, une publication mensuelle, *le Journal de l'Instruction publique,* rédigé par M. Oscar Dunn, et qui a le grand mérite, en un pays où la langue de la presse est souvent gâtée par de mauvais anglicismes, d'être écrit dans un français d'une irréprochable pureté.

Nous parlons ailleurs des revues canadiennes et de leur grande influence littéraire. Quant aux autres journaux français répandus par tout le territoire, que ce soit *le Courrier d'Outaouais,* de Hull ou l'*Union des Cantons,* d'Arthabaska, leur influence, pour être d'un tout autre genre, n'en est pas moins excellente : ils propagent infatigablement, avec la langue française, l'amour de la vieille patrie.

CHAPITRE VII.

PROMENADES.

La vie mondaine. — Les petits métiers. — L'Annuaire de Québec. — Professions françaises. — Noms français. — Villégiatures. — Les places d'eaux. — Une journée à Cacouana. — Spectacles de la rue. — Une vente par autorité de justice. — Les adresses.

Dans toutes les grandes villes d'Europe ou d'Amérique, la vie mondaine est à peu près toujours pareille, réglée par des usages analogues, les mêmes devoirs et les mêmes préjugés. La mode prend le mot d'ordre à Paris ou à Londres, et s'il arrive avec quelque retard, il n'en est pas moins un mot d'ordre. En cela, la société de Québec ne diffère point de celle de Manchester ou de celle de Bordeaux.

Pourtant, elle est capable d'un peu plus de laisser aller et d'un certain enthousiasme. L'arrivée d'un prince, d'un grand personnage, suffit à exciter un délire, qui ne rougit pas de fouler aux pieds l'étiquette. Malgré ce que l'on pourrait croire, ce besoin de manifestation extérieure est plus britannique que français : ce furent les salons anglais, non pas ceux de nos compatriotes qu'incendièrent les visites dont on se souvient au Canada, du Prince de Galles et plus récemment du prince Arthur et du comte de Paris. Il faut ajouter que la haute société française est bien moins nombreuse que sa rivale : les Français dominent principalement dans la classe moyenne. Malheureusement, ils fournissent un assez large contingent aux petits métiers plus ou moins misérables, où croupit la masse des Irlandais. Un coup d'œil jeté sur un document assez aride, l'annuaire de Québec permettra d'établir l'esquisse d'une petite statistique intéressante.

Professions entièrement aux mains des Français ou dans lesquelles les Français dominent : photographes, huissiers, libraires, cordonniers, entrepreneurs de bâtiments, pharmaciens, horlogers, couteliers, fondeurs, chapeliers, hôteliers, bijoutiers, notaires, médecins, constructeurs de navires, potiers d'étain, manufacturiers de tabac.

On voit que les Français ne forment pas uniquement la classe inférieure à Québec comme se plaisent à le dire les Anglais, selon un préjugé assez vivace même parmi ceux d'entre nous qui se sont occupés du Canada. Il faut, cependant, remarquer que la plupart des banques sont anglaises, ainsi que les grandes compagnies : le capital est demeuré et a fructifié aux mains des conquérants, situation assez logique et dont on ne peut s'étonner.

Cet annuaire de Québec est plein de noms français illustres ou du moins anciennement connus, répartis parmi les professions les plus diverses : un Cinq-Mars et un de Beaumont sont notaires; un de Courcy est cordonnier; un de Gaspé, inspecteur des postes, les Tonnancourt, les d'Estimanville, les de Varennes, sont nombreux. D'ailleurs, on sait que la race canadienne française est d'une extrême fécondité ; à Québec, les familles, loin de s'épuiser comme en France, se multiplient et s'épandent. Par exemple, les Drolet, les Dèry, les Bourget, les Belanger, les Gosselin, les Côté, les Goulet, les Lachance et cent autres familles ont 60, 80, 100 représentants, tous parents, sans doute, mais tous chefs d'une famille distincte, tandis que les noms anglais ne se rencontrent que par unités ou par petits groupes.

Cette remarque a son importance, car elle prouve clairement que la population française provient des colons primitifs et ne doit presque rien à l'immigration.

Les Canadiens français ont leurs livres, leurs journaux, leurs associations, leur vie particulière ; mais il est des plaisirs qui se prennent en commun et des usages auxquels un habitant de Québec se soumet volontiers, dès qu'il a de la fortune et des loisirs. Dès que vient la saison, le tout Québec s'envole vers les plages à la mode.

Quatre ou cinq plages sont très fréquentées par la haute société et comme à Saratoga, ce Trouville des États-Unis, on y va plutôt pour se montrer que pour se baigner.

« Il s'agit moins de jouir des beautés de la campagne, ou de se procurer un repos salutaire, rapporte un journaliste canadien, que de changer de monde et d'aller faire figure sur un nouveau théâtre. On parle des toilettes de la ville : elles semblent un simple négligé du matin à côté des ajustements, des atours qu'éclaire le soleil campagnard des places un peu fréquentées.

« Le Cap-de-l'Aigle compte trois toilettes par jour dans

le petit moins (1); la Pointe-au-Pic, quatre; la Rivière-du-Loup et Kamouraska exigent aussi quatre toilettes; Cacouana se contente à peine de cinq. Le matin, quand la marée adonne (2), on a un costume pour se rendre à la grève; pour déjeuner, il faut en mettre un autre que l'on conserve jusqu'au lunch. Après ce léger repas, vient l'heure des visites ou des réunions au salon de l'hôtel; il est impossible d'y paraître dans une robe du matin (3), tout le monde voit cela d'ici. Mais la grande chose, c'est le dîner; c'est là que se décernent les triomphes et les défaites en fait d'élégance et de bon goût. La toilette du dîner ne peut pas se construire en moins de deux heures. Celles qui y consacrent moins de temps ne comprennent pas encore toute l'importance de cette grave affaire. Un bijou ou un ruban de moins, on est déjà mal noté; s'il y a récidive, on est inévitablement classé parmi les gens qui manquent de goût. Le dîner s'achève tant bien que mal, mais la journée n'est pas finie. Il y a encore la promenade et les réunions du soir. On ne peut pas s'y montrer avec un costume trop chargé; il faut donc réduire ou changer. Le plus souvent on change. Puis on va prendre l'air, on chante, on joue, on cause. C'est alors que les mariages s'ébauchent. Cela s'ouvre par une romance et finit par une complainte. »

On voit, du moins à ce tableau un peu morose, que les Canadiens sont loin de cette demi-barbarie où parfois on

---

(1) (2) (3) Expressions canadiennes. — Nous citons, à dessein, les auteurs canadiens, sans jamais les corriger, ce qui serait si facile. Il faut que ce livre, exclusivement composé avec les sources canadiennes, ait, au moins, çà et là, le charme de la langue de *là-bas*.

Fig. 15. — Cathédrale de Québec.

se les imagine plongés : les raffinements de l'élégance sont bon signe chez un peuple, ils prouvent la richesse, le loisir, le respect de soi-même, la tendance à une plus grande délicatesse.

Veut-on une esquisse d'un tout autre genre et qui fasse pénétrer dans un milieu bien différent? Nous n'avons qu'à suivre encore M. Legendre, qui connaît son Québec et l'a dessiné sous toutes ses faces, sombres ou ensoleillées.

« Je suivais tranquillement la principale rue de l'un de nos faubourgs lorsqu'un chiffon rouge attira mon attention. Ce chiffon, que, par respect pour tout ce qui touche à la justice de mon pays, j'appellerai du nom de pavillon, essayait de flotter au bout d'un bâton qui projetait hors de la fenêtre ouverte d'un entresol de pauvre apparence. Sur le trottoir, en face de la porte, sept ou huit personnes causaient d'un air ennuyé. Ceux qui avaient des montres les consultaient de temps à autre, puis se regardaient, l'œil intrigué, comme on fait au théâtre lorsque le lever du rideau est retardé plus que de raison, c'est-à-dire plus d'une demi-heure après l'heure de l'affiche. La situation menaçait même de devenir grave, car, en m'approchant, poussé par la curiosité, j'entendis des murmures d'abord contenus et discrets, puis hauts et provocateurs qui trouvaient des échos d'approbation dans cette petite foule.

« Heureusement, un homme s'approcha de la croisée ouverte, se pencha en dehors d'un air important et fit tinter une sonnette qu'il tenait à la main. Les sept ou huit personnes du trottoir se précipitèrent à l'intérieur, et je les suivis. Si vous avez vécu quelque peu, vous avez déjà compris qu'il s'agissait d'une vente par autorité de justice. L'appartement se composait de quatre pièces tendues de vieux journaux, sur lesquels l'humidité s'était chargée de faire les dessins les plus bizarres. Le mobilier était vieux et maigre, mais luisant de propreté. Au fait, ce n'est ni le nombre, ni la couleur des fauteuils qui fait le bonheur. L'huissier, avec des bottes sales, monta sur une table et s'adressa à nous comme un candidat à ses électeurs :

« Messieurs, la vente va commencer tout de suite : les
« conditions sont : *cash*, pas de crédit; et dépêchez-vous
« de me donner des *bids*, car j'ai deux autres *engagements*
« c'te matinée! Le premier article que nous allons offrir,
« messieurs, est une huche, presque toute neuve. A com-
« bien la huche? »

« Le mobilier était distribué dans les deux chambres de devant; la troisième était vide; quant à la quatrième, la mise à l'enchère du premier objet permit de voir ce qu'elle contenait; car aux dernières paroles de l'huissier, la porte s'entrebailla doucement et la tête pâle d'un enfant de cinq à six ans se montra par l'ouverture. Dans un coin sur un grabat, était étendu un homme jeune encore, mais brisé par la maladie et les privations. Près de lui sa femme était assise sur une chaise de bois, et tenait un petit enfant sur ses genoux. Deux autres enfants un peu plus âgés, dont l'un avait ouvert la porte, se tenaient près du lit, les yeux rouges... La huche fut adjugée pour une somme insignifiante à un homme qui n'en avait aucun besoin, et qui ne l'achetait, disait-il, que pour rendre service, cette humble huche! Comme ses possesseurs, elle venait sans doute de quelque campagne voisine, elle avait été la première pièce du ménage... On mit successivement à l'enchère la table, les chaises de bois ; on vendit encore une petite armoire vitrée à deux compartiments, dont l'un contenait le linge et l'autre la vaisselle ébréchée, un pauvre violon criard, un livre à gravures coloriées qui ne s'ouvrait que dans les grandes occasions... Enfin la voix de l'huissier s'arrêta. »

On a remarqué comme l'auteur a insisté sur la propreté luisante de ce pauvre petit ménage canadien. C'est que le Canada est, en ce point, une Hollande, et que les ménagères y font sévir sans pitié ce qu'elles nomment d'un mot qui dit tout : *le grand ménage*. Périodiquement, la maison, de fond en comble, est bouleversée, comme par des Vandales, rideaux, tentures, cadres, tout est décroché, tables et sièges passent d'une pièce dans l'autre, la poussière tourbillonne, l'eau ruisselle. Et dès que tout est fini, quand les meubles ont repris leurs places et les humains leurs habitudes, il faut recommencer, car la poussière est immortelle.

Cette habitude canadienne, après tout, a son bon côté : cela occupe les femmes. Les hommes ont des manies plus ridicules : tel, l'usage des *adresses*. Il est impossible de faire un pas dans la rue, sans s'exposer à présenter ou à recevoir une *adresse* (discours).

« Un monsieur part pour voyage ou en arrive : ses amis se réunissent et lui offrent une canne, accompagnée d'un compliment auquel il répond en termes appropriés à la circonstance solennelle. C'est le jour de votre naissance ou de celle de votre femme : l'adresse arrive à point et vous y répondez cette fois en termes bien sentis, pourvu que l'émotion ne vous coupe pas la parole! Que vous quittiez un emploi ou que vous y arriviez, que votre position change ou qu'elle reste la même, on y trouve toujours un prétexte pour vous infliger une adresse que vous relisez le lendemain sur tous les journaux, avec les paroles heureuses de la réponse.

« Un capitaine de steamer essuie-t-il un grain pendant la traversée? Vite, ses passagers présentent une adresse à l'habile main dont la science n'a été égalée que par un courage et un sang-froid à toute épreuve. Le passage a-t-il été exceptionnellement heureux, le soleil n'a-t-il cessé de briller pendant tout le trajet? C'est encore une raison pour présenter une adresse dans laquelle on loue, cette fois, les qualités du gentleman qui sait si bien faire oublier à ses passagers les ennuis d'un voyage sans accident. Un haut fonctionnaire quitte son département; tous ses employés lui présentent une adresse de regrets à laquelle il répond d'une voix pleine d'émotion. Son successeur arrive : les mêmes employés vont le féliciter sur son avènement. Cela va ainsi depuis le premier, en passant par les intermédiaires et les subalternes, jusqu'au portier de l'établissement, lequel ne peut plus se mouvoir ni ouvrir sa porte, sans recevoir une adresse accompagnée d'un souvenir en nature ou en numéraire. »

Partout l'adresse règne en souveraine. C'est une épidémie et une comédie. Presque toujours, une adresse est le fait d'un seul individu qui a ses raisons particulières. Il rédige sa petite épître ; puis il s'agit de la faire signer par une foule de personnes indifférentes ou mal disposées. Il cajole, il caresse ; et si cela ne réussit pas, il prend le côté sérieux des choses, il avertit, il menace! A la fin il faut céder et la cérémonie s'accomplit. Le sujet de cette démarche ridicule a été averti huit jours à l'avance et a eu communication du parchemin, ce qui ne l'empêche pas d'affirmer qu'on l'a pris par surprise. Puis, il défait soigneusement l'éloge et avec les matériaux s'érige un piédestal de modestie sur lequel il s'installe cauteleusement à la faveur du nuage d'encens que ce dernier trait de vertu a provoqué de toutes parts.

Ce n'est pas tout, il y a encore la question du cadeau. Car, qu'est-ce qu'une adresse sans cadeau ? Un habit sans manches. C'est encore là que se fait une petite cabale très soignée. Règle générale, l'enthousiasme pour un projet s'arrête au moment de la mise des fonds. Mais ceux qui se sont chargés de l'affaire ne la laissent pas languir : ils se mettent aux trousses des indifférents, ne s'émeuvent ne se découragent de rien. Ils ont la constance du *collecteur* qui se présente chez vous tous les jours, que vous remettez invariablement au lendemain et qui reviendra jusqu'à ce que vous lui ayez donné un à-compte. On les trouve partout, au travail et à la promenade, dans les couloirs des bureaux publics et sur les marches de l'église : la perpétuité est dans leur nature, leur essence est l'ubiquité. Enfin vous vous êtes exécuté : c'est fini et vous êtes tranquilles pour longtemps. Non, malheureux! cela va recommencer demain.

Voilà, du moins, une maladie que nous ne connaissons pas, une maladie dangereuse, car elle n'a pas de saison, règne l'hiver, règne l'été. Pourtant, quand la ville peu à peu s'est vidée vers la campagne, vers les bains de mer, les *places d'eaux,* ceux qui demeurent, doivent sentir quelque répit. Pendant les mois de villégiature, Québec prend la physionomie spéciale d'une ville livrée aux étrangers. L'étranger c'est le touriste américain, car les Européens sont assez rares au Canada, plus rares, certainement, que les Canadiens en Europe.

CHAPITRE VIII.

LES ENVIRONS DE QUÉBEC.

Pélerinages historiques. — Un cocher pour guide. — Le mistral canadien. — Sillery. — Le Château-Bigot. — Lorette. — Une ville indienne.

L'heure a sonné : « Chaque matin, les bateaux à vapeur et les convois de chemins de fer déposent les voyageurs américains sur nos quais, où ils deviennent la proie des cochers nos seuls cicérones. »

Bientôt, commence le pèlerinage historique : « La première place qu'ils visitent est la Plate-forme ou terrasse Durham. Le cocher leur raconte à sa manière l'histoire du château Saint-Louis, leur parle de l'île d'Orléans et surtout des hauteurs de Lévis, où l'on peut encore voir les anciennes batteries américaines et admirer les fortifications que le gouvernement a fait construire, il y a quelques années. Beauport, Montmorency et Charlesbourg ont aussi leur importance historique, et le cocher se garde bien d'oublier ces endroits renommés qui lui valent des courses que la loi n'a pas tarifées. Après avoir admiré le port et noté sur leur calepin tous les petits détails qui ne se trouvent pas dans le *Guide de Québec,* les touristes vont faire le tour de la ville, avant d'aller relever ses environs. La grande batterie, les portes, l'esplanade, le jardin du fort, la citadelle, tout est soumis à l'inspection, mesuré, historié, commenté. »

La ville examinée en tous sens, on ira vers la campagne goûter au pied de quelque chêne, criblé jadis par les balles françaises et tout couvert encore de cicatrices. Après les plaines d'Abraham et le champ de Sainte-Foye, il reste à faire le tour du Cap-Rouge et du lac Saint-Charles, il reste les chutes de Montmorency, grandioses et émouvantes.

S'ils ne couraient pas si vite, en touristes, et avec la secrète résolution de ne voir que ce qui doit avoir été vu, nos Américains se seraient arrêtés, çà et là une maison couverte en chaume, un chemin aux profondes ornières, « une barrière qui s'ouvre en glissant, des arbres poussés au hasard, des granges blanchies à la chaux, avec des portes rouges, un ruisseau, sous une planche jetée en travers, courant au milieu d'un jardin où les fleurs et les choux vivent côte à côte en bonne intelligence ; une basse-cour qui s'étend un peu partout, vu l'indiscrétion des canards et des poulets, un cheval à l'air pensif et une hanche au repos, chassant les mouches par tous les moyens connus de sa race ; une vache qui rumine tranquillement la feuille de chou qu'elle a dérobée par-dessus la clôture trop basse du jardin. » Là, demeurent les paysans canadiens, ou plutôt des paysans français, normands, picards, champenois ou chartrains, qu'une magie a transportés avec leurs usages, leurs patois, leurs traditions, par delà les mers.

Ces *habitants*, comme on les nomme, nous les reverrons, nous entrerons chez eux, nous causerons ensemble, si

Fig. 16. — Chef Sioux.

l'un d'eux nous tire par la manche pour nous dire, comme il arriva à un voyageur français :

« Vous êtes Français, sans doute, Monsieur? On le

voit *ben* à votre mine. Parlez-moi donc un peu de mon pays.

— Comment, de votre pays !

— Eh! oui, j'en venons aussi, de la France. Mon arrière-grand-père servait dans les gardes-françaises! Ah! nous ne l'oublions pas, allez, notre pays. »

Les Américains n'ont engagé aucun dialogue, d'abord parce qu'ils sont pressés, puis, raison que l'on pourrait invoquer la première, ils ne parlent qu'un français de *Guide en deux langues*, et le paysan canadien ignore la langue officielle du gouvernement ; enfin, peut-être, la promenade a-t-elle été interrompue par le terrible vent du nord-est, ce vent qui est pour le Canada presque aussi redoutable que le siroco, le mistral ou le simoun.

Une page des plus pittoresques de M. Chauveau, l'homme d'État poète et romancier, va nous en donner une idée :

« C'est pour le district de Québec un véritable fléau que le vent du nord-est. C'est lui qui, pendant des semaines entières, promène d'un bout à l'autre du pays les brumes du golfe. C'est lui qui, au milieu des journées les plus chaudes et les plus sèches de l'été, vous enveloppe d'un linceul humide et froid, et dépose dans chaque poitrine le germe des catarrhes et de la pulmonie. C'est lui qui interrompt, par des pluies de neuf ou dix jours, tous les travaux de l'agriculture, toutes les promenades des touristes, toutes les jouissances de la vie champêtre. C'est lui qui durant l'hiver soulève ces formidables tempêtes de neige qui interrompent toutes les communications et bloquent chaque habitant dans sa demeure. C'est lui enfin qui, chaque automne, préside à ces fatales bourrasques, causes de tant de naufrages et de désolations, à ces ouragans répétés et prolongés, qui à cette saison rendent si dangereuse la navigation du golfe et du fleuve Saint-Laurent.

« Dès qu'il commence à souffler, tout ce qui dans le paysage était gai, brillant, animé, velouté, gazouillant, devient terne, froid, morne, silencieux, renfrogné. Un ennui, un malaise décourageant, pénètre tout ce qui vous touche et vous environne. Bientôt, des brumes légères, aux formes fantastiques, rasent, en bondissant, la surface du fleuve. Ce n'est que l'avant-garde de bataillons beaucoup plus formidables, qui ne tardent pas à paraître. Alors, vous chercheriez en vain un rayon de soleil, un petit coin de ce beau ciel bleu si limpide, qui vous plaisait tant. Sur un fond de nuages d'un gris sale, passent rapidement, comme des flèches, ces mêmes brumes, qui se succèdent avec une émulation, une opiniâtreté désolantes.

« Une journée maussade, quelquefois deux s'écoulent ainsi. Puis vient une pluie froide et fine qui va toujours en augmentant, jusqu'à ce qu'elle se transforme en véritable torrent, poussée qu'elle est par un vent impétueux. Tout le jour et toute la nuit, et souvent plusieurs jours et plusieurs nuits, ce n'est qu'un même orage, uniforme, continu, persévérant. Pendant tout le temps que la pluie tombe comme dans les grandes averses, la fureur du vent se maintient à l'égal des ouragans les plus terribles. Il semble que le désordre est devenu permanent, que le calme ne pourra jamais se rétablir. Cependant, cela cesse ;

mais alors recommence l'ennuyeuse petite pluie froide, plus désagréable et plus malsaine que tout le reste. Enfin, un beau jour, sur le soir, éclate une épouvantable tempête : ce n'est plus le vent du nord-est seul, tous les enfants d'Eole sont conviés à cette fête assourdissante. C'est ce qu'on nomme le *coup du revers*. Cela termine et complète la *neuvaine du mauvais temps.* »

Hâtons-nous d'ajouter que ces aventures atmosphériques sont rares et que, la plupart du temps, l'été, rien n'empêche le touriste « qui n'est pas fâché de voir de près quelques Peaux-Rouges », de pousser jusqu'au village de Lorette, où une tribu huronne se meurt sous la paternelle et notariale royauté du grand chef Picot.

Mais il faut voir aussi Sillery et Château-Bigot. Commençons par là nos excursions. La chute de Montmorency n'est après tout qu'une chute d'eau ; elle porte un beau nom, mais on l'a utilisée à scier des planches : la scierie Montmorency ; oublions sa fonction pour ne garder que le souvenir d'un nom qui transporte les environs de Paris aux environs de Québec.

Lorsque Noël Brûlart de Sillery, chevalier de Malte et courtisan de Marie de Médicis, revenu des vanités de ce monde, entra dans les ordres, le Canada était la mission à la mode, et le noble néophyte signala sa renonciation en employant une partie de sa fortune à la conversion des Indiens. Il fournit aux jésuites une somme suffisante pour entretenir un établissement religieux près de Québec, lequel reçut son nom champenois, conservé depuis par la région où il s'élevait. Le lieu devint aussitôt célèbre comme la première résidence dans le pays des jésuites et des religieuses qui travaillèrent et souffrirent là pour Dieu les horreurs de la peste, du froid, de la faim et des Iroquois. Ce fut la scène de nombreux martyrs et le centre des efforts des missionnaires parmi les Indiens.

Sillery est intimement lié à l'histoire primitive de Québec et digne d'être visité, moins encore pour la sauvage beauté du site que pour ses souvenirs héroïques. Environ à une lieue de la ville, là où la chaîne des rochers sur laquelle est bâtie Québec s'éloigne de la rivière, laissant entre les bois et les berges une immense prairie, s'élevaient jadis la mission et le village indien. On voit encore aujourd'hui l'imposante construction de la première résidence des jésuites, modernisée, détournée de sa situation, mais toujours solide et capable de tenir encore bien un siècle. Un misérable village s'étend et se dissémine le long de la route et de la rivière ; d'énormes bâtiments chargent du bois pour l'Europe ; sur l'autre bord, une ville s'élève au milieu des arbres. L'endroit est des plus charmants, surtout lorsque les épais et verdoyants feuillages commencent à revêtir la pourpre automnale. Dans les prés, la vigne court çà et là parmi le gazon ; les cerises tardives mûrissent sur les haies ; l'air est plein du mélancolique bavardage des criquets et des grillons ; c'est un paysage normand.

La distance est courte de Québec à Sillery. Une fois qu'on a quitté la route de Saint-Louis pour s'engager sur ce chemin agreste qui dévale vers le fleuve, on se sent arrivé. Les fondations de l'antique chapelle des Jésuites apparaissent encore sous les herbes envahissantes ; un petit monument, élevé non loin de là, porte une inscription à la mémoire du premier missionnaire jésuite au Canada qui mourut à Sillery. On a vite fait de voir comment l'ancien édifice a été transformé en maison moderne : les murs ont trois pieds d'épaisseur, comme en témoignent la profondeur des étroites fenêtres ; les pièces sont basses de plafond, avec un aspect imposant que leur donne leur massive tournure. En sortant, les yeux s'arrêtent sur le Saint-Laurent, où descendent de majestueux trains de bois, entre les navires à l'ancre, et on regagne Québec, au milieu des paysans qui rentrent du travail.

La route de Château-Bigot offre un panorama bien différent et beaucoup plus étendu. Après qu'on a dépassé les anciens faubourgs de la ville basse, gravi la côte de la grand'route, parmi les maisons de campagne qui rejoignent le village de Charlesbourg, on aperçoit en se retournant, dans un ensemble d'un merveilleux pittoresque, les clochers et les toits de la ville haute se détachant au dessus des murailles qui couvrent en circuit irrégulier la crête de la colline ; puis, à mesure que l'on descend, les hautes cheminées du quartier de Saint-Roch, encore des clochers, des murs de couvent ; enfin Saint-Charles, les bassins, la vallée qui s'élargit dans la lumière du Saint-Laurent.

De paisibles et larges espaces de prairies s'étendent entre les dernières constructions suburbaines et Charlesbourg ; à cet endroit, on prend un chemin fort champêtre qui devient bientôt de plus en plus rude jusqu'à ne plus offrir qu'un sentier au milieu des bois, où les fortes odeurs des pins et des herbes sauvages emplissent l'air. On arrive

Fig. 17. — Femme crise.

et on s'arrête volontiers près d'un ruisseau dont l'eau, dit-on, est si vive qu'elle ne gèle jamais, et si abondante que les plus grandes chaleurs n'arrivent pas à le dessécher. De grandes herbes vertes en couvrent les berges : au-delà, s'étend un grand espace vide, au milieu duquel s'aperçoivent les ruines du château. Elles n'ont rien d'imposant, et ce n'est guère un château que par la grâce de l'imagination populaire. C'est une scène d'abandon ; des restes de jardins se devinent sous la désolation sauvage des alentours, mais rien qui fasse penser à autre chose qu'à une maisonnette de plaisance.

Par le fait, le fameux Bigot, l'intendant prévaricateur, n'eut jamais là qu'un simple pavillon de chasse. Détruit et incendié par les Anglais lors de la conquête, il n'en reste guère que les pignons et les murs du fond, encore debout et couverts de mousses et de lichens. Au pied des murailles poussent quelques touffes de lilas et de syringas, des ronces, des framboisiers. Quelques pierres sculptées montrent que Bigot eut au moins l'ambition du luxe, car elles sont fort belles et assez pareilles à celles qui ornent en France les édifices de cette époque. La légende d'une Huronne assassinée flotte autour de ces tristes murailles, mais si vague qu'on ne saurait en tirer un récit, sinistre accompagnement au nom maudit du mauvais Français, dont la responsabilité fut grande dans la perte du Canada.

Pour aller à Lorette, on sort de Québec par la porte Saint-Jean, et l'on s'engage dans des terres de labour, où la route se contourne en capricieux tours et détours. Elle est assez solitaire, moins peuplée de cottages, mais douée d'un charme plus champêtre. Les habitants semblent y avoir moins subi les influences modernes qu'en aucune autre région de la banlieue de Québec. De jeunes paysannes en jupes rouges, coiffées de larges chapeaux de paille, apparaissent çà et là ; sur le pas des portes, des vieillards fument leur pipe et la mèche de leur bonnet de laine leur retombe sur l'épaule.

Avant Lorette, on traverse Jeune-Lorette, village français aux maisons toutes ornées de balcons, d'où des gens regardent. Lorette est une ville indienne, l'air débraillé, avec des chaumières disséminées le long d'étroits sentiers. Des enfants grouillent : les filles vendent des mocassins et des sachets de perles ; les garçons, des arcs et des flèches.

La chapelle, élevée sur l'emplacement de l'église brûlée naguère et que l'on reconstruit, est petite, nue, sans autre ornement que deux statues de bois peint, représentant, l'une une religieuse, l'autre un prêtre, trop léger souvenir de ceux qui ont tant souffert pour cette race désespérante qui croupit à Lorette, dans une incurable misère. Ils sont chrétiens, mais à leur mode, ces pauvres restes de la puissante nation huronne, avec beaucoup de superstitions, et au fond du cœur la plupart restent ce que furent leurs ancêtres, des sauvages à figures de loups et de renards. Vivre parqués dans des concessions, ce n'est pas l'affaire des Indiens ; sans la liberté, la chasse, la guerre, cette race ne peut que s'abâtardir dans une lamentable dégénérescence. On ne saurait vraiment demander au gouvernement de les lâcher à travers le Canada, mais il y a néanmoins quelque chose de pénible dans ce spectacle d'un peuple prisonnier de la civilisation.

Le chef, en même temps notaire, demeure au bout de la principale rue du village. On s'aventure au milieu de l'étrange population : chez les femmes, plus que chez les hommes, la trace du sang blanc est visible : le métissage est certain, et si la nation huronne n'est pas morte, elle est mourante. Ces femmes répondent aux questions qu'on leur adresse avec un mélange de gravité indienne et de légèreté française : ce ne sont plus des *squaws*.

La maison du chef, la seule qui soit entourée d'une clôture, s'élève au milieu d'une pelouse verdoyante : c'est un charmant et confortable *cottage*. Les murs de chaque pièce sont tendus d'étoffes et les parquets recouverts de tapis : dans le salon, un poêle immense et une table, surmontée d'un trophée de perles. Le chef, qui se nomme Picot, ce qui ne semble pas indiquer une origine huronne très pure, est un vieillard chargé d'embonpoint, avec des yeux noirs et vifs, éclairant une face calme et sombre. Il vend à ses visiteurs, à même le trophée, autant de colifichets de perles que l'on veut bien en désirer, et, sur quelques insistances, donne de vagues détails sur son peuple.

C'est le débris de la nation huronne, qui fut détruite jadis par les Iroquois : il en reste à peu près 300 individus, qui vivent de labourage, de divers petits métiers. Aux environs de Montréal, il y a quelques Indiens Cris, que nous visiterons ; les Iroquois, bien assagis, résident dans la province d'Ontario ; dans l'Est, ce sont des Micmacs et des Algonquins. Parmi les tribus de l'Ouest et du Nord-Ouest, les Pieds-Noirs sont les plus intelligents et les Oneidas, les plus riches : ces deux nations émigrèrent, il y a quelques années, des États-Unis, où ils sont pourchassés, tandis que le Canada les traite paternellement.

Il ne faut pas croire que cette race soit en train de disparaître, et ce serait mal juger de sa vitalité que de l'estimer par ce qu'on voit autour des grandes villes d'Indiens domestiqués et abâtardis : dans tout le territoire de la Puissance du Canada, on compte environ 130,000 sauvages, autant, sinon plus, vraisemblablement qu'il n'y en eut jamais, même avant l'arrivée des blancs.

CHAPITRE IX.

MONTRÉAL.

Une ville d'affaires. — Fêtes d'hiver : le palais de glace et le carnaval. — Le patin. — Le *toboggan*. — La raquette. — La montagne de Montréal. — Les Indiens de Lachine et de Crughnawaga. — La *rasade*.

De Québec au Pacifique, c'est un long voyage ; c'était, il n'y a pas longtemps, un voyage impossible : mais la locomotive siffle maintenant à travers la prairie, traînant après elle une demi-civilisation. Nous ferons au moins une étape, qui partagera la route en deux portions bien inégales, en nous arrêtant à Montréal, vieille ville française, presque aussi ancienne que Québec, mais dont l'aspect est assez différent. Là, les deux éléments anglais et français sont à peu près de même force : la vie est plus active, le ton plus moderne ; ce n'est plus canadien, en un mot, mais bien américain.

La voie la plus agréable pour aller de Québec à Montréal c'est le Saint-Laurent. On prend place sur un de ces immenses et superbes vapeurs qui incessamment naviguent entre les deux villes ; ils sont d'un confort admirable : salons, restaurant, buffet, salles de billard et de lecture, fumoirs, cabines larges et propres ; ce sont des hôtels flottants plutôt que des bateaux.

Les magnifiques rives du Saint-Laurent se déroulent, verdoyantes, semées de maisons gaies, de clochers pointus, et bientôt ce sont les abords d'une grande ville. Montréal compte, en effet, environ 200,000 habitants, 120,000 de plus que sa rivale, qu'elle a détrônée, à laquelle elle a enlevé une bonne partie de son commerce. Québec n'est pas destiné à prendre une grande extension : c'est une ville arrivée : Montréal se développe de jour en jour et devient le centre commercial du Canada.

Ce tronçon du Saint-Laurent est exclusivement français : on passe devant Trois-Rivières, petite ville de 8,000 âmes dont la fondation remonte aux premiers temps de la colonie; puis, ce sont les forges de Saint-Maurice, établies dès 1737; Bertier, Richelieu, Verchères, l'Assomption, dont les noms disent l'origine. Enfin, l'on aperçoit ce fameux pont Victoria, qui a près de 3 kilomètres de long et dont la construction a coûté plus de 30 millions de francs. Il est plus utile que beau; malgré sa longueur et sa hauteur, ses piles grêles, allongées en éperons du côté du courant, n'ont rien d'esthétique.

Le port de Montréal est très animé; on se sent dans une ville décidément américaine, une ville d'affaires. C'est que sa position est excellente, à ce point du Saint-Laurent, non loin de l'Ottawa, importante rivière qui descend d'une région que la colonisation commence à exploiter, à quelques heures des Grands Lacs, où convergent les nouvelles voies commerciales, ouvertes ou près de s'ouvrir sur les États-Unis et le Nord-Ouest.

La ville est riche, bien bâtie, pleine de monuments

Fig. 18. — Cathédrale de Montréal.

d'une bonne architecture, mais tout cela est neuf et sans originalité. On remarque les deux cathédrales, catholique et anglicane ; mais on remarque aussi d'autres temples dont l'aspect n'est guère moins monumental, les banques où l'on adore sur un pied de parfaite égalité le dieu Dollar et le dieu Piastre, nom canadien de la trop célèbre monnaie américaine.

Montréal a un bon moment, c'est celui des fêtes de l'hiver, qui ont vraiment du caractère et de l'imprévu. Tout le monde a entendu parler de ce palais de glace aux proportions gigantesques que l'on érige tous les ans à Montréal, et que la gravure a maintes fois reproduit.

« Cette merveille, dit un écrivain français de Montréal, se façonne en un tour de main. Devant la ville, le Saint-Laurent, gelé en février sur une épaisseur d'un mètre, fournit les matériaux en abondance. Des machines attaquent la glace, la scient en beaux blocs bien réguliers ; puis les travaux d'édification commencent. En peu de jours, tout est prêt et là où, une semaine auparavant, on ne voyait qu'une place déserte, s'élève maintenant l'étrange monument dont les parois de cristal étincellent sous le soleil comme les mille et une facettes d'un gigantesque diamant. On y donne même des fêtes à l'intérieur pendant le carnaval et, pour ma part, je ne sais pas de spectacles qui vaillent l'aspect de cette salle de bal, quand, sous les rayons électriques, tombés des voûtes et centuplés par la réverbération des glaces, les couples tournoient et tourbillonnent. »

Le carnaval de Montréal dure six jours : il fut inauguré en 1883 pour montrer comment on pouvait s'amuser dans un pays et sous un climat où il gèle à trois pieds de profondeur. Ces fêtes sont vite devenues une véritable institution, pareille, pour l'Amérique, à ce qu'était jadis pour l'Europe le carnaval de Rome. « Le jugement porté par les milliers d'étrangers qui visitèrent alors la ville prouva surabondamment qu'on avait eu raison de lancer l'entreprise. En 1884, le Canada tout entier et une bonne partie des États-Unis s'en émurent longtemps d'avance. Le grand jour arrivé, les hôtels furent débordés, et les compagnies de chemins de fer durent demander grâce. Il se trouva là des représentants de tous les grands journaux d'Amérique pour entretenir leurs lecteurs des merveilles qui se préparaient, et le câble transatlantique même fut mis à contribution pour envoyer jusqu'en Europe les échos de ces fêtes. Les trois principaux genres d'amusements du carnaval de Montréal sont : le patin, le *toboggan*, appelé aussi « traîne sauvage » et la raquette.

« Le patin canadien ne diffère guère de celui dont on se sert à Paris, au bois de Boulogne. Seulement, au Canada, le patinage est parfois plus qu'un délassement; c'est aussi un art des plus sérieux et même des plus utiles. Les jeunes gens surtout emploient souvent le patin pour franchir, sur le miroir gelé des rivières et avec une rapidité vertigineuse, des distances considérables. De là, toute une école de patineurs émérites. Ainsi, dans une récente joûte, entre autres, le vainqueur, suivi de près par ses concurrents, parcourut 15 milles anglais, soit environ 25 kilomètres, en 59 minutes et demie. C'est la vitesse d'un train ordinaire.

« Le *toboggan* est un véhicule fort étrange et qu'on ne rencontre nulle part ailleurs. C'est une simple planche de bois de frêne, recourbée à l'un de ses bouts. Épaisse de 5 à 10 millimètres, tout au plus, large de 50 centimètres, sa longueur varie entre 2 et 3 mètres. Six personnes peuvent commodément y prendre place. On s'imagine le degré de célérité que peut atteindre une semblable masse, lorsqu'elle dévale du haut d'une de ces nombreuses glissoires à pente très rapide, pratiquées en grand nombre sur les

Fig, 19. — Chaire de Notre-Dame de Montréal.

flancs de la montagne de Montréal. Le soir, le coup d'œil est des plus pittoresques. Entre deux rangs de torches, dont les flammes rouges s'entre-croisent de tous côtés sur la neige avec des reflets fantastiques, les « traînes sauvages » bondées de joyeux glisseurs, passent, promptes comme l'éclair, dans un brusque sifflement, pour disparaître et se perdre aussitôt plus bas dans les ténèbres.

« La raquette, ou, selon la traduction littérale du mot anglais, la « chaussure à neige », se compose d'une étroite bande de frêne, recourbée en deux et dont on fait rejoindre les deux bouts en les assujettissant fortement par une courroie. Deux petits bâtons, posés ensuite en travers, achèvent de donner à ce premier travail la forme voulue, c'est-à-dire à peu près celle d'un cerf-volant. Puis on fait courir un entrelacement assez serré de lanières de cuir, en ayant soin de laisser à un tiers de la hauteur un espace suffisant pour que le bout du pied puisse y jouer à l'aise. La raquette est alors prête, et un marcheur habile s'en servira sans crainte pour s'aventurer par monts et par vaux dans la campagne, où il n'est pas rare de voir des bancs de neige atteindre jusqu'à 6 ou 7 mètres d'épaisseur. La raquette est d'invention très ancienne, au Canada. Les annales du pays font mention de soldats du roi de France apprenant jadis à chausser la raquette, et en retirant de grands avantages contre les Anglais. C'était même alors, parfois, le seul moyen de locomotion, et l'on cite un évêque de Québec qui faisait ainsi, chaque hiver, sa tournée pastorale, quelque chose comme une promenade de 300 lieues. Naguère encore, avant qu'on eût entrepris la construction du chemin de fer du Pacifique, Mgr Toché, archevêque actuel de la province de Manitoba et l'un des plus intrépides marcheurs du pays, ne connaissait que la raquette pour se transporter rapidement chez ses ouailles, à travers les neiges des immenses prairies de l'Ouest. »

La montagne de Montréal, dont il vient d'être question, l'ancien *Mont Royal* de Champlain, est le site le plus curieux des environs de la ville. C'est aujourd'hui une promenade publique, comme peut-être n'en possède aucune autre cité. Une magnifique avenue en fait le tour, et la montagne elle-même, jadis pleine de mystères, est devenue un immense parc anglais semé de villas somptueuses. Du sommet, on jouit d'une vue admirable sur la ville aux toits d'argent, sur le fleuve, sur les jolies îles et les campagnes qui s'en vont au loin. L'île Sainte-Hélène, à laquelle la femme de Champlain donna son nom a également été en partie transformée en un parc champêtre.

Montréal a ses Indiens, comme Québec, bêtes curieuses humaines, mais traitées avec une paternelle sollicitude. Ainsi la vente des liqueurs fortes est défendue dans leurs cantons : s'il en était de même pour les blancs, au Canada et ailleurs, la civilisation ne s'en trouverait pas plus mal.

Visitons, en compagnie d'un spirituel guide, les sobres Indiens de Montréal; un étranger ne saurait passer sans s'être dérangé de son chemin à leur occasion. Cela fait penser à ceux que l'on a exhibés au Jardin d'acclimatation. « On va en une demi-heure de Montréal au joli village de Lachenie, au-dessus des rapides, sur la rive gauche du Saint-Laurent. Canghnawaga est en face sur la rive droite. Un petit bateau à vapeur fait le service de la traversée ; mais le fleuve charrie des glaçons de fortes dimensions : les abords de l'embarcadère sont devenus impraticables et le service interrompu. Un canot manœuvré par deux solides rameurs et dirigé par un pilote indien, vient nous prendre à la rive. Rameurs et pilotes sont, hélas, habillés comme s'ils sortaient de la Belle Jardinière ; le pilote a remplacé, toutefois, le chapeau melon américain par une toque de fantaisie, ornée de plumes de paon.

Le canot file rapidement entre les glaçons et, en vingt-cinq minutes, nous sommes à l'autre rive. C'est un dimanche. On sonne la grand'messe.

« Nous traversons le village, maisonnettes en rondins recouvertes de planches avec des toits en bardeaux, qui feraient honte aux misérables cabines irlandaises. L'église, dont le clocher dentelé et pointu s'aperçoit à 20 milles à la ronde, est solidement bâtie en pierres grises. L'intérieur est celui de toutes les églises de village : rien de caractéristique, sauf des nappes d'autel en broderie indienne. Deux gros poêles huchés sur des piédestaux au milieu de la nef répandent une chaleur suffisante. Les fidèles entrent en foule : les femmes vont se placer sur les bancs à droite de la nef, les hommes à gauche. Les sang-mêlés sont en grande majorité ; on les reconnaît à la barbe, car l'Indien pur sang est absolument imberbe. Les costumes masculins ne diffèrent pas de ceux de nos paysans endimanchés. Les femmes seules ont conservé un peu de cou-

Fig. 20. — Palais de glace et fêtes du carnaval à Montréal.

leur locale : grandes, sveltes, élégantes, elles relèvent leur châle sur leur tête en manière de capuchon et se cachent le bas de la figure en ne laissant visibles que leurs

Fig. 21. — Le *tobogyan*.

grands yeux noirs. Elles se glissent comme des ombres à leurs bancs, où elles entonnent les litanies de la Vierge. Pourquoi faut-il que ces ombres à la démarche rythmée aient l'habitude de chanter du nez? Le missionnaire desservant de la paroisse, l'excellent abbé Burtin, monte en chaire et débite un sermon en langue iroquoise avec un fort accent lorrain. C'est une langue harmonieuse, presque dépourvue de consonnes; son alphabet ne compte que onze lettres. Le sermon du bon missionnaire ne dure pas moins de trois quarts d'heure ; puis viennent les annonces des morts et des mariages, divers exercices de piété. L'assistance garde une attitude respectueuse et résignée, seuls, quelques enfants se poussent sur leurs bancs trop étroits, et les fillettes aux yeux bruns laissent glisser des regards curieux par-dessus leurs livres de prière du côté des Français de France. La messe finie, deux femmes dont l'une porte un enfant dans les bras, s'avancent vers le chœur et demandent au missionnaire de procéder à la cérémonie des relevailles. L'enfant, un joli bébé un peu pâlot, est attaché à une planche ornée de dessins rouges et bleus qui lui sert de berceau et qui permet au besoin de le suspendre à un clou, ou l'été à une branche d'arbre.

« La cérémonie terminée, le missionnaire nous emmène au presbytère, où il nous fait partager son modeste dîner en nous parlant de la Lorraine et de Metz qu'il a quittés il y a vingt-trois ans et qu'il a renoncé à revoir. On nous présente un Indien qui a revêtu pour la circonstance son costume de guerre, lequel n'est plus maintenant qu'un costume de cirque. Nous n'en sommes pas quittes à moins de quelques dollars : ce serait moins cher à la foire de Neuilly. Nous allons ensuite faire une visite au grand chef ou *Sachem* de la tribu. Ce sachem est un petit homme à la physionomie rusée, qui exerce la profession d'épicier, moins élevé socialement que son cousin de Québec qui, nous l'avons vu, est notaire. Il habite une jolie maison bourgeoise et nous reçoit dans un salon confortablement meublé, dont les murailles sont ornées d'images de piété. Il nous présente à sa femme

Fig. 22. — Jeune patineur sur raquettes.

qui porte avec aisance une robe de soie noire, d'une passable coupe, et nous souhaite la bienvenue en iroquois. Les hommes parlent généralement le français, mais les femmes, confinées pour la plupart dans leur intérieur et surchargées de travail, ne connaissent que la langue indigène. Nous entrons dans le magasin qui est rempli de marchandises variées : épiceries, étoffes, chaussures, avec un compartiment affecté à la *rasade*, c'est-à-dire aux articles de fabrication indienne : mocassins, broderies, porte-cigares, éventails de plume : et nous ne tardons pas à nous apercevoir qu'en cessant de scalper ses ennemis, le grand chef n'a pas renoncé à écorcher sa clientèle. La rasade se vend plus cher à Canghnawaga qu'à Montréal. Mais la journée s'avance et le moindre grain rendrait impraticable la traversée du retour. Nous prenons congé du brave missionnaire et du sachem et au bout de quarante minutes bien employées par nos rameurs, car les rapides sont à quelques centaines de mètres plus bas, nous revoici de l'autre côté du fleuve. »

La réserve indienne de Canghnawaga a une étendue approximative de 6 lieues carrées et elle contient environ 2,500 habitants. Le commissaire du gouvernement, assisté du Conseil de la tribu, assigne un lot de terre à chaque chef de famille, et ce lot ne peut jamais lui être repris, quoiqu'il n'en ait que l'usufruit.

Il peut même le céder, en tout ou en partie, à d'autres membres de la tribu, mais aucun contrat conclu avec un blanc n'est valable, l'Indien étant considéré légalement comme mineur, lui l'ancien maître du sol, lui qui avait imaginé, jadis, une constitution politique auprès de laquelle celle des Canadiens modernes n'est qu'une esquisse informe. Enfin, c'est le gouvernement qui remplit auprès de lui les fonctions de tuteur, fonction facile et qui se borne, en somme, à une vague surveillance : pourvu que l'Indien reste dans son parc, il est parfaitement libre de la liberté dont on peut jouir dans une enceinte moralement fortifiée.

CHAPITRE X.

LE NORD-OUEST.

Au delà de Montréal. — Papineau. — Le Transcontinental canadien. — Le Manitoba. — Winnipeg. — Le *Boom*. — Regina. — Les métis et la Compagnie de la Baie d'Hudson. — Louis Riel. — Sa mort.

Quand on sort de Montréal pour se diriger vers l'ouest, tantôt par chemin de fer, tantôt par bateau, selon le caprice des rapides, on traverse encore nombre de petites villes aux noms français. Par exemple, Carillon ne laisse pas indifférent celui qui se souvient que c'est un nom de victoire.

Plus loin, on montre au voyageur Montebello, seigneuriale villa, où s'écoulèrent les derniers jours d'un des plus illustres champions de la cause française au Canada, Papineau, dont la mémoire est vénérée de tous ceux qui maintenant soutiennent de leurs votes les Chapleau et les Mercier. De 1815 à 1855, Papineau combattit par toutes les armes loyales les abus de l'autorité anglaise : il souffrit même l'exil pour une cause alors désespérée et aujourd'hui plus qu'à moitié gagnée.

Au delà de Montréal, ce n'est plus le Canada français; au delà d'Ottawa, ce n'est plus même le Canada anglais, c'est le Nord-Ouest, ce sont les espaces illimités. Au sud d'Ottawa, entre les lacs et en descendant vers Toronto et vers Détroit, la région est très riche, aussi animée, aussi coupée de chemins de fer que les plus populeux districts des États-Unis : région exclusivement anglaise, elle ne peut nous attirer, puisque nous n'avons voulu qu'esquisser la physionomie du Canada français actuel.

En quittant Ottawa, ville administrative de 40,000 âmes, nous nous dirigeons vers l'ouest, en suivant le grand Transcontinental canadien, qui réunit les deux océans à un millier de kilomètres au-dessus du Transcontinental américain.

Sur les lignes canadiennes, les wagons portent un nom français ; on les appelle des *chars*. Le confortable en est assez médiocre, mais on ne saurait être exigeant pour une compagnie qui exploite un chemin de fer d'une pareille étendue et dont le trafic est encore intermittent. On passe par Toronto, ville exclusivement anglaise, peuplée de 167,000 habitants, située au milieu des lacs, à la pointe qui s'avance comme un coin dans le territoire de l'Union. Plus loin, en remontant, c'est Orangeville, au centre d'un canton en pleine culture. A partir de là, c'est la colonisation récente, la forêt intelligemment ravagée, la maison de bois, les traces du feu. De place en place, des troncs d'arbre gisent tordus et noircis; puis, ce sont des étendues d'herbe, d'où émergent quelques souches verdoyantes : des vaches paissent et des moutons.

Sauf aux stations, espacées souvent à plusieurs heures de distance, l'aspect du pays ne change guère jusqu'aux abords de Winnipeg, capitale du Manitoba, la plus petite en superficie des nouvelles et même des anciennes provinces canadiennes, mais celle qui, demain peut-être, sera la plus riche et la plus florissante.

L'histoire de Winnipeg est prodigieuse. En 1870, la ville se compose d'un éparpillement d'une cinquantaine de maisons, habitées par 250 colons, la plupart chasseurs, et qui ne résident guère ; en 1874, c'est une ville de 5,000 âmes ; en 1884, la population dépasse 30,000 habitants et serait double sans le *boom*, c'est le mot américain du krach.

« Stimulé par la construction rapide du Pacifique canadien, raconte un témoin de la catastrophe, M. Édouard Richard, l'immigration prit des proportions inusitées dans les années 1881 et 1882. Winnipeg gagnait en un an 16,000 habitants ; la propriété doublait de valeur de mois en mois. Tous les capitaux disponibles des provinces de Québec et d'Ontario prenaient le chemin du Manitoba. Winnipeg était bondé d'étrangers ; des villes surgissaient comme par enchantement le long du parcours du Pacifique canadien. Les chemins de fer ne pouvaient suffire aux transport des émigrants et des matériaux. Un journalier, possesseur d'un cheval, gagnait de 40 à 50 francs par jour ; l'argent coulait à flots dans les *bars* et les salles de jeu. L'ouvrier, le cultivateur même, dépensait avec la plus grande insouciance l'argent qui lui arrivait si facilement. Si merveilleux qu'avait été le développement de l'Ouest américain, il était distancé par celui du Manitoba. La spéculation prenait un tel degré d'intensité que près de la moitié des propriétés de la province d'Ontario étaient mises en vente, chacun se hâtant de réaliser ce qu'il possédait pour aller faire fortune dans le nouvel Eldorado. »

La débâcle devait arriver; le jour où, après avoir acheté, le spéculateur voulut revendre pour toucher le bénéfice de la plus-value, ce fut fini, les terrains baissèrent : les beaux jours de Winnipeg étaient passés. Arrêtée dans sa trop rapide croissance, la capitale du Manitoba n'est encore qu'un enfant mal venu, mais son avenir n'est pas douteux; c'est le futur Chicago du Nord-Ouest.

Près de la ville immense, mais aux rues de laquelle il manque encore bien des maisons, s'élève une petite cité, assez modeste, Saint-Boniface. Ville exclusivement française et très fière de l'être, Saint-Boniface ne voit pas sans un certain dédain les accroissements violents de sa rivale. Non loin de Winnipeg, une autre ville française s'élève, qui n'est encore qu'un village, Saint-Pierre-Jolys; elle fut fondée naguère par un missionnaire nommé M. Jolys et qui a été le pionnier de la colonisation dans le Nord-Ouest, comme son émule, le célèbre curé Labelle, dans le bas-Canada.

Au delà de Winnipeg, il n'y a encore que deux villes, deux embryons de villes, Régina, capitale officielle du Nord-Ouest, siège du gouvernement et du gouverneur qui habite une modeste maison de bois, et Calgary, qui se trouve à peu de distance des montagnes Rocheuses. Régina n'existe guère qu'officiellement; Calgary commence à s'animer, les terres des environs sont cultivées par des compagnies récemment formées, qui se livrent un peu au

Fig. 23. — Aspect de l'ancienne gare dans l'Ouest.

labour et beaucoup à l'élevage. Calgary est une de ces villes improvisées, comme il s'en éleva tant dans l'Ouest américain : le grand hôtel de l'endroit a été construit à Montréal, démonté pièce à pièce, transporté par le chemin de fer, puis réédifié en bonne place ; inutile de dire qu'il est en bois. Comme le centre des affaires se déplace assez facilement à Calgary et que d'ailleurs la ville peut s'é-

Fig. 24. — Cathédrale de Saint-Boniface, à Manitoba.

tendre sans arrêt dans la plaine infinie, les propriétaires, à l'aide d'un cric, et de quelques gros rouleaux transportent volontiers leurs maisons de place en place.

Après Calgary et la traversée des montagnes Rocheuses, quelque 500 kilomètres de désert et des passes bien périlleuses, la voie ferrée, faisant un coude brusque, descend vers Port-Moody, qui se trouve sur le Pacifique, en face de l'île de Vancouver, dans la Colombie anglaise. Cette région n'est pas absolument déserte, mais il ne semble pas, à moins de découvertes minières inattendues, qu'elle ait un bien grand avenir : les montagnes Rocheuses sont pour le Canada une limite naturelle et l'accession au Pacifique n'a qu'un intérêt purement commercial. Nous ne croyons pas que le Transcontinental canadien joue encore un grand rôle dans le commerce international : les routes se font et se défont lentement; mais il existe, et c'est déjà une merveille.

C'est à Régina, que s'est dénouée, par la mort de Riel, l'insurrection des métis dont on parla il y a quelques années. Les métis forment une curieuse population et nous en parlerons plus loin. Ceux-là seuls, d'ailleurs, s'insurgèrent, qui travaillaient pour la Compagnie de la baie d'Hudson : c'est une bien petite partie d'entre eux.

Ils souffraient à l'extrême de la rigueur avec laquelle la puissante compagnie faisait observer son monopole.

Ce monopole s'appuyait sur une réglementation effroyablement compliquée et prohibitive, constate M. Élie Tassé, dans son livre sur les Canadiens de l'Ouest. Dans un pays qui alimentait des produits de la chasse presque toute l'Angleterre, le luxe des fourrures était à peine connu. Si un chasseur tuait un animal des plaines, fût-ce un loup, une biche ou même un rat musqué, il était obligé d'aller

Fig. 24. — Poste de la baie d'Hudson.

en vendre la robe aux postes de la Compagnie. A quelques exceptions près, personne ne portait de fourrures dans un pays où la température tombe quelquefois à 45 degrés au-dessous de zéro. Non seulement les sauvages ne pouvaient se faire de présents ni trafiquer entre eux, mais la Compagnie a été jusqu'à solliciter des missionnaires protestants de les menacer de la colère divine s'il leur arrivait de se couvrir de la peau d'un renard. Les métis avaient pour toute coiffure des casquettes de drap que leur vendait la Compagnie. Porter un morceau de fourrure, c'était attenter aux droits de la formidable association : le réfractaire était aussitôt dénoncé aux autorités et lorsqu'un agent le rencontrait par hasard, il le décoiffait rudement, sans autre formalité.

Les métis étaient obligés d'acheter toutes les choses dont ils avaient besoin à la Compagnie. Ils ne faisaient guère de trafic avec les États-Unis autrement que par contrebande. Les concessions de terres se faisaient aussi d'une manière arbitraire. Les acquéreurs de terrains ne pouvaient s'en dessaisir qu'avec l'assentiment de la Compagnie, et il leur était strictement défendu de faire la traite dans les territoires du Nord-Ouest. Lorsqu'on reprochait aux Bois-Brûlés, ou métis, de s'adonner plutôt à la chasse qu'à la culture du sol, ils répondaient qu'il était inutile de semer du blé, puisqu'ils ne pouvaient l'exporter. La Compagnie alla jusqu'à décréter que les lettres des colons destinées à l'étranger devaient être déposées, non cachetées à ses bureaux.

Tant de tyrannie finit par révolter les métis, et voilà

l'origine première de l'insurrection dirigée par Riel, qui en avait reçu l'héritage des mains paternelles elles-mêmes. Le père du fameux Bois-Brulé, homme énergique et influent, dit un voyageur qui a été faire une enquête sur place, se mit à la tête du mouvement et réussit, après une lutte de plusieurs années, à obtenir la réforme des abus dont ils souffraient. En 1869, ce cri : « Le commerce est libre ! Vive la liberté » retentissait sur les bords de la rivière Rouge et, depuis cette époque, jusqu'en 1870, les métis satisfaits vécurent sous l'autorité purement nominale de la Compagnie.

Mais voici qu'un beau jour ils apprennent qu'elle les a cédés, sans daigner les consulter et sans stipuler en leur faveur aucune garantie, au gouvernement du Canada. A cette nouvelle, ils s'émeuvent, prennent leurs fusils, refusent de recevoir le gouverneur qu'on leur expédiait par la voie des États-Unis, la seule ouverte à cette époque, et constituent un gouvernement provisoire. Riel père était mort; mais un de ses fils, Louis, élevé au collège de Montréal et doué d'une rare éloquence, avait hérité de sa popularité. Les métis l'élurent président de la République de la Rivière-Rouge.

Cependant, le gouvernement improvisé n'avait pas reçu le suffrage des trappeurs d'origine anglo-saxonne, qui, sous la conduite d'un Allemand nommé Schultz, prirent les armes contre Riel. Les métis eurent le dessus et le général Wolseley, quand il traita avec eux, au nom de la couronne, leur accorda les garanties qu'ils demandaient. Au cours de la campagne, un grave événement s'était pro-

Fig. 26. — Le général Middleton.

duit : le mysticisme de Louis Riel était devenu de l'exaltation, puis de la folie, et on avait dû l'enfermer dans l'asile d'aliénés de Beauport. Cela se passait en 1870.

A cette époque, les métis français étaient, avec les Indiens, les seuls habitants du Nord-Ouest; la colonisation n'avait pas encore pénétré dans cette vaste région, mais peu à peu, elle commença à en prendre possession : entre les nouveaux-venus, presque tous Anglais, et les métis, de nombreux conflits éclatèrent. On prétendit que les concessions de terres qu'ils avaient reçues des Indiens n'étaient point régulières, et de chicane en chicane, on en arrivait à les déposséder au profit des Anglais. Impuissants à obtenir justice, les métis s'adressèrent encore une fois à Louis Riel. L'ancien président répondit à leur appel; l'agitation alla croissant et, au mois de mars 1885, un conflit sanglant éclatait entre les métis et la gendarmerie montée, qui eut le dessous. On expédia aussitôt 5,000 hommes dans le Nord-Ouest sous les ordres du général Middleton, qui resta maître du terrain; Riel vint lui-même se constituer prisonnier, et la rébellion prit fin. Traduit devant un tribunal d'exception, sorte de cour martiale civile, Riel fut condamné à mort; ajournée, son exécution eut lieu un peu plus tard, aux acclamations des Anglais, malgré les vives protestations des Français et des métis.

Le rôle de Riel, bandit pour les uns, martyr pour les autres, est demeuré obscur; il en est de même de son état mental. Qu'il ait entraîné les métis à la révolte ou qu'il ait été obligé de les suivre, dans tous les cas, il se croyait parfaitement investi d'une mission d'en haut. Sa mission consistait à faire prévaloir en Amérique l'influence de notre race, car les métis se font gloire avant tout de leur origine paternelle, et Riel n'avait pas dans les veines plus d'un seizième de sang indien : ce but n'avait rien d'insensé, il semble. Des anges, avec lesquels il était en communication journalière, se chargeaient de l'inspirer et de le guider ; il ne prenait aucune décision sans les consulter. Malheureusement pour la bonne renommée des anges conseilleurs, les avis d'en haut furent funestes à Riel et à ses compagnons. Si les Voix ne lui avaient pas défendu de s'emparer des dépôts d'armes mal gardés, ce ne sont pas les 5,000 hommes de milice qui seraient venus à bout des métis ; ces tireurs exceptionnels, et qui pour ainsi dire ne manquent jamais leur coup, auraient été bien difficiles à réduire, surtout avec l'appui des Indiens, s'ils avaient eu en suffisance, des armes et des munitions.

Fig. 27. — Prisonniers indiens.

CHAPITRE XI.

LES MÉTIS FRANÇAIS.

Leur origine. — Leur intelligence. — Leurs métiers. — Les femmes. — Le Pemmican. — Chasse aux buffles. — Ce que les métis doivent aux Blancs ou aux Indiens. — Moralité. — Caractère. — Tous catholiques. — Maisons. — Vêtements. — Leur langue est un patois français. — Leurs noms.

Les métis forment une population si peu connue, qu'il est utile d'en dire un mot. Il a été publié sur eux une remarquable étude dans l'*Annual Report of the Smithsonian Institution* de 1879 : elle a été traduite dans un des fascicules publiés par la Société de Géographie normande en 1885. C'est là que nous puiserons les détails suivants, qui sont à peu près inédits pour le grand public.

L'origine des métis remonte aux temps de la colonisation française, lorsque nos compatriotes tenaient en leurs mains, par des postes échelonnés, tout le continent américain. Jamais on ne fit tant avec de si faibles éléments, faibles par le nombre, car individuellement les hommes auxquels on confiait la garde de ces postes étaient les plus hardis aventuriers qui furent jamais.

La politique française, on le sait, s'appuyait sur les tribus sauvages ; de là, d'intimes rapports entre eux et les coureurs des bois, qui surveillaient les postes ; de là aussi, la tentation pour ces hommes de prendre femme parmi les Indiennes. Le coureur des bois qui avait épousé une Huronne ou une Ottawa se pliait peu à peu, par la force des choses, aux mœurs de sa nouvelle famille : il en arrivait à se coiffer de plumes, à porter des verroteries, à se tatouer, à danser ou à fumer le calumet aux fêtes ou aux conseils de la tribu. C'était un guerrier adopté, selon l'usage des nations adonnées à la guerre et qui souvent se maintenaient autant par l'adoption que par les naissances.

C'est ainsi qu'on peut affirmer d'une manière générale que, de Québec à Vancouver, on trouverait à peine une tribu indigène qui n'ait été mêlée de sang français. En de certaines régions, le sang indien a dominé ; en d'autres, le sang français, et, en ce dernier cas, ce sont les métis proprement dits. Mais rien n'est sujet à plus de fluctuations et, de vingt ans en vingt ans, la proportion peut changer dans tel ou tel district. En somme, on évalue à 45,000 pour toute l'Amérique du Nord et à 35,000 pour les territoires canadiens les métis français, restés ou redevenus français par la prédominance du sang blanc, parlant français, bien qu'avec des formes assez corrompues, portant des noms français et se différenciant des Indiens qu'ils se sont assimilés, par les mœurs, les usages, les aptitudes, le genre ordinaire d'occupations.

Les tribus avec lesquelles les coureurs des bois, les trappeurs, les *voyageurs,* et plus tard les colons se sont alliés de préférence sont : le long du Saint-Laurent, les Hurons, les Ottawas, les Montagnais ; vers la rivière Rouge, aux environs de Saint-Boniface, dans tout le

Manitoba, les Chippewas, les Saulteaux, originaires du Sault-Sainte-Marie, et surtout les Cris. On trouva toujours les femmes de cette dernière nation supérieures aux autres par leurs qualités morales et intellectuelles, et les Français les choisirent de préférence. Plus loin, dans le Nord-Ouest, il y a des métis Pieds-Noirs, Assiniboines, Sioux, Gros-Ventres, Têtes-Plates, Sacs, Renards, Cheyennes, et en général de toutes les tribus qui se partagent ces vastes espaces, en deçà et au delà des montagnes Rocheuses, jusqu'au Pacifique.

Les métis ont une grande aptitude au travail et à l'industrie ; elle s'exerce dans un champ très étendu, depuis les exigences les plus élevées de la vie civilisée jusqu'aux plus misérables expédients des sauvages. Le long de la rivière Rouge, beaucoup se confondent avec les blancs par leurs habitudes sédentaires, exercent des métiers, sont charrons, forgerons, cordonniers, travaillent aux scieries hydrauliques, se font bateliers sur les lacs. Dans le Manitoba, un assez grand nombre détiennent des charges publiques; ils forment même la grande majorité

Fig. 28. — Chasseurs de la baie d'Hudson.

dans le parlement élu de cette nouvelle province : là ils sont cultivateurs, éleveurs, pêcheurs.

Dans le reste du Nord-Ouest, les métis sont, en général, employés dans les comptoirs des marchands de fourrures, chasseurs pour leur compte ou celui des traitants; ils sont conducteurs de chariots, guides, interprètes, plus rarement cultivateurs : cependant, sous l'influence des missionnaires, quelques-uns abandonnent le vie nomade.

C'est parmi ceux-là que Riel avait recruté sa petite troupe, et principalement parmi les chasseurs de fourrures.

Leurs femmes travaillent avec art aux ouvrages de verroterie, à la préparation des fourrures; ce sont elles qui font le *pemmican*, dont se nourrissent leurs maris pendant leurs excursions, et elles seules savent le faire. En voici la recette : on coupe en tranches minces la viande maigre du buffle, on la fait sécher au soleil, on l'entasse et on la comprime dans un sac de cuir non tanné; on verse par-dessus une quantité égale de graisse chaude, et on ferme le sac. Ce mets ainsi préparé est savoureux, sain, et se conserve plusieurs mois. Mais il faut d'abord se procurer des buffles et il n'y en aura bientôt plus, paraît-il.

C'était une chasse intéressante, surtout lorsqu'on s'y livrait sur une grande échelle. Dans son *Histoire de la rivière Rouge,* Alexandre Ross en donne la description suivante : « En juin 1840, 1,630 métis, y compris un petit nombre de Canadiens et d'Indiens, se donnèrent

Fig. 29. — Chasse au buffle.

rendez-vous à Pembina, avec 120 chariots et 542 chiens. Après s'être organisés sous une sorte de commandement militaire, avec dix capitaines et un président, ils firent 250 milles (402 kilom.) avant de tirer le buffle. Le soir du premier jour de chasse, on n'apporta pas au camp moins de 1,375 langues. Dans la *mêlée,* un cavalier se brisa l'omoplate, un autre perdit trois doigts par l'explosion de son fusil, un troisième reçut au genou une balle morte, petites avaries pour une troupe aussi nombreuse. C'est à peine si l'on tira parti du tiers des animaux tués. Ils revinrent avec environ 900 livres de chair par chariot. »

C'étaient ainsi, chaque année, d'inutiles dévastations : tant que l'agriculture et l'élevage n'ont pas plus d'importance relative qu'ils n'en ont encore dans le Nord-Ouest, le buffle était une assez précieuse ressource. Sans compter le *pemmican,* en effet, une peau de buffle vaut de 15 à 25 francs.

Au moral, comme au physique, le métis tient le milieu entre les deux races dont il est issu. Combinant en sa personne un grand nombre des facultés natives du Blanc et de l'Indien, sans s'identifier avec aucun des deux, il forme, réellement, une classe distincte de la population. On lui reconnaît du cœur, de l'intelligence, certaines aspirations à une vie plus haute; malheureusement, ses mœurs sont loin d'être irréprochables, surtout dans les régions où ils échappent aux missionnaires. Leur sens moral, sans être absolument faussé, est assez faible : ils ne sont ni égoïstes, ni avides, ni perfides, mais leur volonté est souvent incapable de dominer leurs impulsions. Hospitaliers, ils partagent gaiement avec l'ami et même avec l'étranger, au point de se priver parfois eux-mêmes du nécessaire : cette générosité va jusqu'à l'imprudence et jusqu'à l'impudence, car ils demandent avec la même facilité qu'ils donnent. Il existe, d'ailleurs, entre métis, une sorte de franc-maçonnerie spontanée, qui les unit et les fait se secourir mutuellement. Ressentant vivement l'injure, ils la pardonnent de même, sans en garder rancune.

Ils sont doués, en général, de l'acuité sensoriale des Indiens, d'un regard perçant, d'une ouïe à la délicatesse animale; ils ont ce sens étrange de l'orientation qui leur fait retrouver leur chemin avec une certitude dont un Blanc est incapable. Braves et disciplinés, ils seraient terribles sous un bon chef : c'est ce qui leur manqua dans l'aventure de Riel.

Tous, sans exception, sont catholiques, et s'attachent à cette foi de leurs pères, avec une invincible ténacité. Malgré l'immense espace où ils se disséminent, bien peu n'ont jamais entendu la voix d'un missionnaire. Ils ont l'honneur d'avoir, pour chef spirituel, un archevêque, Mgr Taché, de Saint-Boniface, homme remarquable, doué des plus hautes qualités du prêtre, du missionnaire et de l'évêque, assurément la grande figure du Nord-Ouest, où rayonnent depuis de longues années son intelligence et sa charité.

Mauvais écoliers, les métis sont généralement assez illettrés, et ce ne sont pas eux qui rédigent *le Métis*,

Fig. 30. — Monseigneur Taché, archevêque de Saint-Boniface; Manitoba.

journal français de Winnipeg, dévoué à leurs intérêts.

Le sang indien se reconnaît à ceci : ils n'ont pas de barbe. En revanche, ils laissent pousser leurs cheveux, qui leur descendent aux épaules. Le teint présente une grande variété de nuances, depuis le cuivré jusqu'au blanc pur. Assez jolies, les femmes ont presque toutes la peau d'une blancheur européenne; nous avons déjà vu aux environs de Québec les traces de sang blanc plus visibles chez les Indiennes que chez leurs maris. « J'ai rencontré, chez les métis du Nord-Ouest, des jeunes filles dont le visage était d'une beauté classique, » dit textuellement l'auteur de la notice du *Smithsonian Report*.

Aux environs de la rivière Rouge, le type de leurs habitations est une petite construction à un seul étage, faite de troncs d'arbres, et ne comprenant le plus souvent qu'une seule pièce, pauvrement meublée : un lit peint de couleurs vives, un large foyer où brûlent des souches entières et de gros troncs d'arbres, une table, un dressoir, des coffres tenant en même temps lieu de sièges.

Leur habillement se ressent du goût indien pour les couleurs voyantes et même criardes. Les hommes portent, dans le Manitoba, une casaque bleue, des culottes de même nuance ou marron, une ceinture souvent rouge, des guêtres, des mocassins, le tout orné de franges et de festons bariolés, de pendeloques en verroterie. Une robe noire, un fichu noir, tel est le costume des femmes; les filles aiment les jupons écarlates et les fichus multicolores.

Ils se marient jeunes, les hommes dès vingt, les filles dès quinze ans. Les unions sont fécondes ; ce sont trois, quatre, jusqu'à sept et huit enfants, beau démenti à la prétendue stérilité des hybrides !

Les métis parlent d'ordinaire plusieurs langues ou dialectes indiens, le français toujours, et souvent l'anglais. Aux États-Unis, beaucoup d'entre eux comprennent l'anglais et s'en servent pour converser avec les Américains, mais rarement entre eux. Dans les établissements de la rivière Rouge, même sur les confins canadiens et américains, on ne parle anglais que par exception.

Le français est leur langue ordinaire et l'intermédiaire officiel dont ils se servent pour communiquer avec les Blancs : les missionnaires n'ont jamais besoin pour entretenir les métis de recourir à un dialecte indien, même à celui des Cris, qui est le plus doux, le plus facile à apprendre et le plus répandu.

Ce français est un patois assez analogue à celui que parlent les classes pauvres dans le Canada, mais il contient un assez grand nombre de mots particuliers et d'expressions tirées du caractère du pays dans lequel ils vivent et de leur genre de vie. La prononciation, quoique très défectueuse, n'est pas aussi mauvaise que celle de beaucoup des patois provinciaux de France. Il est facilement compris par un Français, mais le français correct, à moins qu'on ne le rende très clair, est malaisément entendu par la plupart des métis. Qu'on le parle autour des lacs, sur les bords du Saskatchawan ou dans la Colombie anglaise, il ne présente que peu de différences. Beaucoup de mots employés communément sont du

Fig. 31. — Église et couvent de Pembroke.

français hors d'usage dans la langue ordinaire, mais que l'on peut entendre encore aujourd'hui en Normandie et en Picardie; par exemple : *aller cri* (quérir), aller chercher; *fieur* (fleur), farine; *pâtir,* souffrir; *mouiller,* pleuvoir; *raisonner,* grommeler; *grouiller,* bouger; *brailler,* pleurer; *jongler,* penser; *maganer,* maltraiter; *boucane,* fumée; *moucher,* battre.

Un grand nombre de mots appartiennent au vocabulaire de la prairie : *fourcher,* se partager en bras; *fourches,* bras de rivière; *cariole,* sorte de traîneau ou *ramasse; traîne,* traîneau ; *faire chaudière,* faire la cuisine ; *travail,* sorte de brouette indienne, sans roue et qui se traîne; *cabresse,* lasso ; *capot,* vêtement à capuchon.

D'autres mots doivent leur origine au commerce des fourrures : *Coureurs des bois, voyageurs, engagés, portager; bourgeois, chef de poste; mangeurs de lard,* individus novices inexpérimentés; *plut,* pelleterie. Quelques mots sont anglais, mais avec prononciation et terminaison française : *biter (to beat),* battre; *settler (to settle),* établir, etc.

Parmi des particularités de locutions, on a relevé celles-ci : *ça dit ça,* pour ils disent, on dit; *on va aller,* pour nous allons.

Oi est toujours prononcé *ai* en faisant sonner la consonne finale, mais après ces seules diphtongues : *Froid, droit* deviennent *fraite, draite.* L'*a* a un son nasal impossible à décrire et qui marque d'ailleurs la prononciation canadienne, en général.

Les noms des métis démontreraient seuls leur origine : tous sont français et l'on a relevé parmi les plus répandus les suivants : Sur la Rivière Rouge : Boucher, Boyer, Carrière, Dumas, Flamand, Gosselin, Gaudry, Larocque,

Morin, Martel, Normand, Rinville, Villebrun. — A Mackinæ et autour des lacs : Saint-André, Bellanger, Bonneau, Baudry, Biron, Chénier, Deschamps, Giroux, Hamelin, Lécuyer, Lévêque, Pelletier, Perrault, Riel, Thibault. — D'autres sont des surnoms, nés dans la prairie : Bois-Vert, Grand-Bois, la Déroute, la Framboise, etc.

Enfin, ceux qui connaissent l'histoire du Canada ne seront pas surpris de voir l'aristocratie française si bien représentée parmi les métis. C'est sans orgueil, probablement, que ces braves demi-sang portent les noms de Saint-Luc de Repentigny, Bonaventure de Saint-Arnaud, Charles de Montigny, Louis de Saint-Cyr, Pierre de Saint-Germain, de la Morandière, de Lusignan, de Saint-George, de Laporte, de Chaumont-Racette, de Lépinois, de Charolais, etc. C'est au bord des lacs, dans la partie du Manitoba, que se trouve ce Versailles ou ce Valognes du Nord-Ouest.

DEUXIÈME PARTIE

LA LANGUE, LA LITTÉRATURE, LES MŒURS

CHAPITRE XII.

LA LANGUE FRANÇAISE AU CANADA.

Persistance et vitalité du français. — Erreurs à ce sujet. — Lutte des deux idiomes. — Archaïsmes, néologismes, provincialismes et anglicismes. — Nombreux exemples. — Danger de l'influence verbale anglaise. — La prononciation.

« L'une des erreurs les plus répandues en France, écrit un Canadien, M. Clapin, rédacteur au *Monde* de Montréal, est celle qui consiste à croire que si l'on parle le français au Canada, ce doit être, en tout cas, un français bien dégénéré, quelque chose comme le patois des nègres de la Martinique et de la Guadeloupe; et j'ai encore à la mémoire le geste de profonde stupéfaction d'une dizaine de personnes, lorsque je leur montrai ici quelques numéros de journaux canadiens, ayant tous, ma foi, fort belle apparence, et de plus rédigés en bel et bon français.

« La vérité est que le Canadien des rives du Saint-

Laurent n'a jamais parlé autre chose que la langue de Racine, sa seule et vraie langue maternelle, à lui léguée par ses ancêtres venus de la vieille France, et qu'il conserve avec un soin jaloux comme un joyau d'un prix inestimable.

« Il y a plus encore. Cette langue française, le Canadien s'est toujours efforcé de la parler le plus purement possible, et si l'on en excepte certaines expressions du cru, inévitables dans un pays d'aspect si différent des contrées européennes, expressions pour la plupart, du reste, empreintes d'un pittoresque chatoyant ou d'une délicieuse poésie, on est certes bien forcé d'avouer qu'il s'est acquitté jusqu'ici avec le plus grand honneur de sa tâche. Les salons de Québec, surtout, ont de tout temps tenu, au Canada, à être le foyer où sont venus tour à tour se recruter et se retremper les adeptes dans l'art de bien dire, et pas n'est besoin d'ajouter que, plus que jamais aujourd'hui, ils gardent haut et ferme, parmi la jeune société française américaine, le sceptre de cette supériorité. »

Voilà qui est peut-être moins exact que patriotique. Paris est Paris et Québec est Québec. Il ne faut rien exagérer. Nous sommes de ceux qui aiment le Canada d'une façon plus clairvoyante. Faire croire aux Canadiens qu'ils parlent la langue de Racine, ce serait plutôt leur jouer un mauvais tour que de leur faire un compliment, tellement une pareille illusion doit sembler puérile à celui qui réfléchit.

Un million et demi de Canadiens parlent français. Comme ils ont conservé leur religion dans toute sa pureté orthodoxe, malgré le prosélytisme engageant des sectes protestantes, les petits-neveux de Poutraincourt et de Champlain ont précieusement gardé la langue de la mère-patrie. Plus d'un siècle de domination britannique, l'anglais longtemps imposé dans les actes publics, la nécessité des relations commerciales, l'abandon de la France poussé jusqu'au reniement, rien ne prévalut contre leur persévérance. Sans que personne s'en doutât de ce côté de l'Océan, une province française se formait sur les bords du Saint-Laurent, passait de la vie familiale à la vie politique, en arrivait à prendre une part quelquefois prépondérante dans les affaires, enfin signalait sa vie et la conscience de son unité de pensée en des écrits empreints d'un esprit à la fois français et canadien, — et tout cela, uniquement grâce à sa langue, qui, comme un courant d'eau douce, avait surnagé sur l'océan anglo-saxon.

Une lutte aussi longue, aussi inégale, ne pouvait aboutir à la victoire sans que les combattants, les mots et les phrases, soldats et phalanges, eussent reçu de plus ou moins graves blessures : et, en effet, l'ennemi au cours des hostilités fit sentir rudement sa main. Trois causes de déformation ont atteint la langue française au Canada : l'archaïsme, le provincialisme, l'infiltration anglaise. De ces trois maladies, la dernière est grave, sans doute inguérissable et assez inquiétante ; les deux autres font le charme, la grâce, l'intérêt, l'existence même du langage français canadien.

Il semble qu'une tendance à l'archaïsme dans une langue soit la conséquence d'une trop faible activité sociale.

Cela se reconnaît à l'emploi de termes qui, dans un milieu plus mouvant, sont depuis longtemps usés : ces termes peuvent avoir gardé leur précision et leur utilité; de plus, ils sont, en général, supérieurs comme clarté aux néologismes; ce ne sont pas des intrus, ils sont consanguins.

Le provincialisme, caractérisé par l'absence de relations, la stagnation des idées, la persistance d'usages abolis partout ailleurs, la lenteur de la vie, ignorant les termes en vigueur au centre de l'activité linguistique, en crée d'autres, selon ses besoins, — d'autres mots qui, pour être différents des mots imposés par d'autres besoins, n'en sont pas moins intéressants.

Il faut donner une place à part à ces expressions que, sous l'empire de leur climat particulier, les Canadiens, selon la très heureuse expression de M. Napoléon Legendre, *n'ont pas été libres de ne pas créer,* ou de ne pas conserver, ou de ne pas détourner de leur sens primitif. Tels, par exemple, *balise, baliser,* deux termes de marine, qui, au sens canadien, sont venus signifier les branches d'arbre plantées pour indiquer le chemin dans les plaines couvertes de neige; adaptation par analogie vraiment parfaite. Mais, est-il nécessaire que le *poudroiement* de la poussière en passant au *poudroiement* de la neige en devienne la *poudrerie ?* Voilà du provincialisme, bien que le second mot, plus court, soit plus français que le premier.

Par contre, il est bien permis de dire de la neige, à la période où elle s'agglutine, qu'elle *pelotte* ou qu'elle *boule.* Une large et profonde ornière s'appelle un *cahot;* c'est

Fig. 32. — Monseigneur Labelle.

la cause prise pour l'effet, mais pourquoi pas? *Patinoir* est bon et français; *skating-ring*, sur des lèvres latines, est ridicule. Que les jeunes filles qui s'élancent sur la glace, chaussent le patin et se couvrent la tête d'un *nuage* ou d'un *nubé* de fine laine, on n'y saurait trouver à dire, non plus qu'à les entendre parler *glissade* et *glissette* : tous ces mots sont jolis.

Meublier vaut bien *ébéniste*; *carré, char, lisse,* valent mieux que *square, wagon, rail;* et char urbain ou chemin de fer urbain remplacent heureusement, à Québec, ce mot *tramway* que personne ne sait prononcer. Tandis que nous avons subi assez servilement les mots techniques créés par les Anglais pour les applications de la vapeur, les Canadiens ont prouvé que la langue française était assez souple pour se prêter même à dire d'un seul mot *enregistrement des bagages : chéquage, chéquer.*

Il y a d'autres termes, plutôt poétiques que techniques, pour lesquels tout bon Canadien professe une vive tendresse. Il aime à dire : *à la brunante,* pour à la brune; la *noirceur,* pour l'obscurité de la nuit; *revollin,* pour embrun; *cailler,* comme le lait sans doute, pour se laisser aller au sommeil, — bien singulière métaphore; *s'endormir,* pour avoir sommeil; *brumasser,* pour bruiner, mais brumasser est fort employé par les marins; *parolie,* pour *parlotte,* mot parisien assez récent et qui a son analogue dans *palabre,* mot espagnol francisé et usité dans toute l'Afrique occidentale. Enfin, on fait grand usage au Canada des formes péjoratives, par exemple des verbes *poussailler, colletailler, mouillasser, bourrasser; cisailler* un cheval signifie tirer alternativement et rapidement les guides; c'est un mot français qui a, chez nous, deux acceptions techniques, mais qui ne supporterait pas celle que lui attribuent les Canadiens.

Ils ont des mots plus utiles, pour ainsi dire indispensables, comme *centin*, qui désigne la centième partie d'une piastre, comme centime, la centième partie du franc; *sauter* les rapides; *portager*, qui s'emploie lorsqu'un fleuve étant embarrassé par des rapides que l'on ne peut franchir, ou sauter, on est obligé de prendre terre et de *porter* les canots le long de la rive jusqu'à ce que le courant redevienne assez profond; *grand brûlé* et *petit brûlé*, parties plus ou moins étendues d'une forêt que le feu a détruite. Toute une série de termes qui semblent d'un usage bien abusif, s'expliquent, lorsque l'on connaît l'histoire du Canada : *fort* est synonyme de village, parce que, primitivement, les villages étaient fortifiés contre les Indiens ou contre les Anglais; *être à la hache*, n'avoir plus que sa hache pour vivre, que le métier, libre pour tous, de bûcheron, dans les immenses forêts à peine entamées, malgré deux siècles d'exploitation; les subdivisions d'une paroisse ont gardé le nom de *concessions*.

On ne peut reprocher aux Canadiens : *barrer* et *débarrer* pour fermer à clef, ouvrir avec une clef; *souter* un chien, l'exciter en lui criant *souté! menoirs*, pour timons; *ouaouaron*, mot huron qui imite le cri de la grosse grenouille commune au Canada; *tinton*, appel suprême que fait la cloche par petits coups répétés avant les offices (1).

(1) N. Legendre, dans les *Mémoires de la Société royale du Canada*. 1884.

LA LANGUE, LA LITTÉRATURE, LES MOEURS.

Non, aucun de ces mots ne nous choque, et même il y aurait bien de la mauvaise grâce de notre part à affecter le purisme ; non seulement, à cette heure, le français parlé est corrompu par l'invasion de l'argot, de tous les argots, mais la langue littéraire n'a pas échappé à l'infection. Après tout, les Canadiens écrivent peut-être encore plus purement que tel de nos écrivains parmi ceux qui se piquent de bien écrire.

Ni le provincialisme, ni l'archaïsme ne constitue un vrai danger pour la langue française au Canada, mais, ainsi que nous l'avons énoncé plus haut, elle nous semble atteinte d'un mal beaucoup plus grave : l'infiltration des mots anglais dans son vocabulaire.

Lisez cette phrase, citée dans une brochure de M. Maximilien Ribaud qui traite précisément du sujet qui nous occupe : ce jargon prétend traduire un texte de Blockstone, dans son commentaire des lois anglaises : « Les douze juges d'Angleterre sont seulement *attendants* à la chambre des lords, et au commencement de chaque parlement, ils reçoivent un *writ* de *summons* pour y assister. »

L'abbé Maguire, un Français né aux États-Unis, s'est élevé, avec bien d'autres, contre cette manie d'employer le mot anglais, sans nulle nécessité. « Telle dame ne peut manger sa soupe qu'au *barley* (1) ; tel monsieur vous prie de lui passer un *tumbler* (2), pour boire du *brandy* (3) avec de l'eau ; celui-ci vous demande, sans perdre son sérieux,

---
(1) Orge.
(2) Grand verre à boire.
(3) Eau-de-vie.

si ces *patates* (1) sont cuites au *steam* (2); celui-là, si vous avez oublié de *payer* (3) une visite à madame une telle... Qui ne voit la barbarie, l'impertinence d'un tel langage? » Comme on l'a remarqué, le plus difficile pour un Canadien est de se garer contre l'emploi abusif des mots qui existent dans les deux langues avec des significations différentes : « Tel avocat est à son *office*. Tel orateur a *délivré* un discours, en *adressant* une *large audience*. M. X. a été *appelé* à la chaire, etc. (4).

Les Canadiens ne sauraient nous répondre que, nous aussi, nous employons beaucoup de mots anglais, ni citer, en opposition à ces passages typiques, des pages pleines de mots tels que *sport, ticket, club, wagon, rail*. Nous devrions, certainement, et nous pourrions écrire jeu, billet, cercle, voiture et, comme les Canadiens, *lisse;* mais ces intrusions, du moins, n'attaquent pas la syntaxe. Toutes les langues, en tous les temps, furent pénétrées par les langues voisines, mais aucune, sous peine de mort, ne doit laisser attaquer la syntaxe, son ossature. Il y a plus : tout Canadien français marche entre deux Canadiens anglais ; pour peu qu'il cède, il sera battu. Ce qui, chez nous, n'est qu'un ridicule, devient, au Canada, un très grave péril, car la langue absorbée, la nationalité le serait bientôt, la religion suivrait, et adieu le Canada Français !

C'est une sorte de croisade qu'ont entrepris plusieurs

---

(1) Corruption de l'anglais *potatoes*, pommes de terre, dont patate n'est le synonyme qu'au Canada.

(2) Vapeur.

(3) *To pay a visit*, expression anglaise : faire une visite.

(4) Toutes ces expressions sont de l'excellent anglais francisé.

écrivains canadiens contre cette pernicieuse anglomanie, et nous nous y joignons volontiers. « Pourquoi, se demande M. Réveillaud, dire *side-board, tea-board, tea-pot*, quand vous avez à votre disposition les mots *buffet, plateau, théière,* qui sont à la fois très français et très euphoniques? Pourquoi parler du *story*, quand nous avons *étage*, de *state-room*, quand nous avons *salon? Stool* vaut-il mieux que *tabouret*, et préférerons-nous *slippers* à *pantoufles?* Dans une satire publiée jadis dans l'*Aurore*, périodique canadien, ce défaut était vertement relevé par un versificateur de bonne volonté, qui frappait juste :

> La paresse nous fait négliger notre langue.
> Combien peu, débitant la plus courte harangue,
> Savent bien conserver l'ordre et le sens des mots,
> Commencer et finir chaque phrase à propos !
> Très souvent, à côté d'une phrase française,
> Nous plaçons sans façon une tournure anglaise.
> *Presentment, indictment, empeachment, foreman,*
> *Sherif, writ, verdict, bill, roastbeef, warrant, watchman.*

Nous écorchons l'oreille avec ces mots barbares.

Parfois un Canadien d'aujourd'hui, pris dans la moyenne classe, par exemple un commerçant, ne sait ni le français ni l'anglais. Un journaliste canadien avoua à l'auteur de ces pages que tel était son cas : les deux idiomes lui étaient familiers, mais comme sont familières des langues étrangères.

Hâtons-nous de dire que ce sont là des anomalies, des curiosités nées de l'état social, si particulier, d'un peuple divisé en deux races parallèles. Nous le verrons, il y a, au

Canada, des poètes, des orateurs, des romanciers, des historiens qui écrivent le plus agréable et le plus légitime français.

La prononciation en usage au Canada diffère sur quelques points de la bonne, c'est-à-dire de celle qui est en usage aujourd'hui en France parmi les gens qui prononcent bien.

J'allais, je venais, c'est-à-dire la diphtongue *ais* devient à Québec comme *as* : je *venas*. Souvent *oi* sonne comme *oë* ou *ouai* et *boite* ou *coiffe* devient *boëte* et *coëffe*, ce qui n'est pas sans une certaine grâce un peu ancienne. *Étroit* et *froid* devient *étret* et *fred*, ou plutôt sont restés ce qu'ils étaient jadis, au temps où ils rimaient avec *secret ; oiseau* est resté *ouéseau* et *foi, foué ;* tandis que bois, poids, mois ne diffèrent en rien de la prononciation parisienne. En plusieurs mots, la diphtongue *eu* a gardé le son simple *u*, et l'on dit *bonhure* avec autant de nécessité que nous disons *gajure ;* enfin, les mots en *un, chacun, aucun* deviennent *chaquin, auquin,* etc.

Voilà de quoi faire sourire sans doute un Parisien nouveau débarqué à Québec; mais quand on a entendu, à quelques pas de l'Institut, du Théâtre-Français ou du Conservatoire prononcer *juillette, aoûte, fisse, Marotte,* pour *juillet, août, fils, Marot,* etc., on devient bien indulgent pour les articulations canadiennes!

CHAPITRE XIII.

LES ÉCRIVAINS.

Originalité de la littérature canadienne. — Elle date de 1848. — *Le Répertoire National.* — *L'Album de la Minerve.* — Le premier roman canadien. — *La Revue Canadienne.* — M. Chauveau. — *Les Soirées Canadiennes.* — Les historiens.

Si, pas plus que l'Américain du Nord, les Canadiens ne constituent pas « un peuple distinct et fils de ses œuvres », s'ils ne sont qu'une « fraction séparée d'une autre grande nation », dont ils parlent la langue et dont ils reflètent « plus ou moins le caractère et les habitudes », il est certain, d'autre part, qu'ils ont une existence particulière, et que le milieu dans lequel ils ont vécu depuis trois siècles, sans altérer les sentiments d'affection qui les relient à la mère-patrie, leur a donné un caractère propre, facile à retrouver en toutes leurs productions intellectuelles.

Ainsi s'exprime, à peu près, un Canadien qui a écrit nombre de pages intéressantes sur son pays, M. Napoléon Legendre. Rien n'est plus juste. Encore que le caractère canadien soit loin d'être aussi accusé que celui de l'Américain des États-Unis, il se distingue certainement par des traits qui lui appartiennent, nous croyons l'avoir déjà montré, et il est tout naturel que l'empreinte s'en soit gravée sur la littérature du terroir.

Littérature canadienne, si ambitieux que soit le mot, on peut le prononcer sans complaisance ; il répond à une réalité encore embryonnaire, mais douée de vie. Elle n'est pas vieille : à peine est-il permis de dire qu'elle date d'hier, car on ne peut pas appeler littérature, c'est-à-dire art, les mémoires, les notes, les lettres, tous ces premiers monuments laissés par les contemporains des temps héroïques du Canada : Lescarbot, à ce compte, serait le père de la Littérature canadienne ; nous allons remonter un peu moins haut.

« *Le Répertoire National,* fondé à Montréal en 1848, est à peu près la première tentative que l'on ait faite dans le but de provoquer la plume de nos hommes instruits et de fixer le fruit de leurs travaux d'une manière permanente. Il portait pour épigraphe cette phrase sans prétention : *Les chefs-d'œuvre sont rares et les écrits sans défauts sont encore à naître.* Hélas ! c'était bien vrai, et jamais recueil n'a été plus fidèle à sa devise. Cependant, il est juste d'apprécier ici plutôt les intentions que les résultats. A ce point de vue, *le Répertoire National* a rendu un grand service. Il a été pour nous ce premier pas qui coûte tant, ce premier effort qui se remet de jour en jour, ce premier mot, cette première phrase d'un écrit qui sont si longs à trouver. »

Les quatre volumes de ce recueil primitif contiennent une tragédie, d'abord représentée au séminaire de Nicolet, de courtes pièces en prose et en vers, comédies, historiettes, légendes etc., amplifications pleines d'ardeur et de jeunesse, de trop de jeunesse.

« C'est également vers ce temps qu'il faut placer la naissance du premier *Album de la Minerve,* revue de littérature et de modes, illustrée. C'était une entreprise colossale pour l'époque. Aussi a-t-on dû l'abandonner au bout de deux ou trois années. Je n'ai pu me remettre sous les yeux ce premier Album dont les exemplaires sont, aujourd'hui, extrêmement rares ; néanmoins, je me rappelle fort distinctement la faveur avec laquelle avait été accueilli le premier roman canadien : *Une de perdue, deux de trouvées,* par Georges de Boucherville. Ce fut, parmi la jeunesse surtout, une révélation. Nous ne comprenions pas, à cette époque, qu'un des nôtres pût concevoir et écrire en entier une œuvre de cette importance. »

Ce roman eut une singulière destinée : l'album ayant cessé de paraître, les derniers chapitres, qui n'étaient pas encore écrits, ne le furent que vingt ans plus tard, pour l'apparition de la *Revue canadienne* en 1864. Le commencement avait charmé par une ingénue fraîcheur, répandue dans les pages toutes nouvelles ; la fin sembla fanée, elle n'était qu'inutile.

La littérature canadienne fut vraiment créée par la Revue. Le recueil qui, à date fixe, vient éveiller les curiosités, fait naître un besoin nouveau, comme une habitude de lecture, bientôt invincible ; et c'est le public qui à son tour crée l'écrivain.

Après l'*Album,* il y en eut un autre, fauché en sa fleur, puis une première et courte revue canadienne, un *Ménes-*

trel, littéraire et, son nom ne peut mentir, musical. Il y en eut d'autres, plus éphémères que ceux-là, plus oubliés, s'il se peut. En 1857, parut le *Journal de l'Instruction publique*, de M. Chauveau, et, « quoique cette feuille s'occupât de pédagogie plutôt que de littérature, elle a cependant donné un certain élan aux lettres canadiennes par des écrits empreints d'une grande distinction. Ses excellentes revues bibliographiques, surtout, n'ont pas peu contribué à éclairer le goût de notre public et à inspirer à nos écrivains cette crainte salutaire qui est le commencement du succès et qu'ils avaient semblé ignorer jusqu'alors.

Nous voici maintenant arrivés, continue notre guide en ce pays peu connu, à une nouvelle époque littéraire : « je veux parler de la création des *Soirées Canadiennes*, dont la première livraison parut en 1861. Car il faut bien remarquer qu'une publication nouvelle indique toujours un mouvement nouveau dans les idées, une aspiration neuve qui sent le besoin de se communiquer à un public plus étendu. Jusque-là, sous le rapport littéraire, Montréal semblait avoir le pas sur la vieille cité de Champlain. Constatons que, depuis lors, Québec s'est noblement vengé. *Les Soirées Canadiennes* sont véritablement le premier recueil sérieux de notre littérature. Les promoteurs de cette œuvre portaient des noms qui étaient alors et sont encore aujourd'hui des autorités dans les lettres. Le style s'était formé. On avait dépouillé cette phrase qui se traînait, sans se fixer, du latin à l'anglais et de l'anglais au latin, quand elle ne s'habillait pas dans la vieille façon de Montaigne et de Rabelais. »

Fig. 33. — Ancien collège des Jésuites, à Québec.

Parmi les plus remarquables pages, ce recueil inséra les *Trois Légendes* de M. Taché, morceau d'un très bon style, quoique d'une morale un peu prêcheuse; *la Jongleuse,* de l'abbé Casgrain, conte fantastique ou plutôt féérique, comme on en conte encore au coin du feu, l'hiver, pendant les longues, si longues veillées canadiennes. C'est un récit du temps des pionniers français, de ces temps qui semblent vraiment primitifs à un Américain. L'auteur met en scène les farouches Iroquois, ces ennemis si redoutés, non seulement des blancs mais des autres tribus sauvages du Canada, et la légende se déroule en ce style un peu trop imagé qui lui est cher. Il y avait certainement dans cette manière d'écrire une certaine originalité et toute la jeunesse littéraire se laissa séduire à son charme nouveau.

Ce fut en ce recueil que débutèrent presque tous les poètes contemporains dont nous parlerons et entre autres Fréchette et Lemay; mais, sans qu'il y ait eu certainement préméditation, *le Foyer canadien* tua la *Revue* et quelque temps la remplaça, pour être bientôt à son tour dépouillé par la *Revue canadienne* qui, plus heureuse, mieux dirigée, plus riche, compte aujourd'hui vingt-cinq années d'existence, et dont la collection fournirait le répertoire à peu près complet de la littérature contemporaine au Canada.

Entre les œuvres les plus intéressantes qui y furent publiées, on se souvient de *Jacques et Marie*, de M. Souvassa, de *Le Cœur et l'Esprit*, de M. Fabre, des récits de voyage de M. Faucher : *De Québec à Mexico;* du *Cheva-*

lier de Mornoc, premier essai de roman historique écrit par M. Marmette, l'auteur d'un ouvrage excellent en un autre genre, *l'Intendant Bigot*. Bien d'autres échappent à une énumération qui ne sont pas moins remarquables.

Considérée en dehors des revues qui l'ont créée et soutenue, la littérature canadienne offre encore quelques œuvres qui existent par elles-mêmes et font grand honneur à la province française qui leur donna également la matière et la forme : je veux parler des histoires générales ou particulières du Canada, rédigées par des Canadiens.

La première, c'est-à-dire la plus ancienne, fut écrite par Michel Bibaud en 1844; et c'est au même auteur que l'on attribue un des meilleurs récits historiques, *Le voyage de Franchère*, imprimé à Montréal en 1820 : c'est un incunable canadien. En tête des historiens modernes, vient M. Garneau dont l'œuvre a inspiré une page enthousiaste à Henri Martin : « Nous ne pouvons quitter sans émotion cette *Histoire du Canada*, qui nous est arrivée d'un autre hémisphère comme un témoignage vivant des sentiments et des traditions conservés parmi les Français du Nouveau-Monde après un siècle de domination étrangère. Puisse le génie de notre race persister parmi nos frères du Canada dans leurs destinées futures, quels que doivent être leurs rapports avec la grande fédération anglo-américaine, et conserver une place en Amérique à l'élément français ! » En même temps que l'écrivain libéral, le catholique Montalembert saluait l'historien canadien, et ses compatriotes en jugeaient bien la portée qui le proclamaient « non pas tant un livre qu'une forteresse ». C'est à l'abri de ses murailles que depuis vingt-cinq ans les Canadiens luttent pour leur langue, leur foi, leur liberté, leur autonomie.

De moindre portée

Fig. 84. — Porte d'entrée du séminaire Saint-Sulpice, à Montréal.

sans doute mais remarquables encore et d'un réel intérêt, les nombreuses publications historiques de M. Taché, le *Canada reconquis par la France* de M. Barthe, l'*Histoire de la colonie française* de l'abbé Faillon, le *Cours d'Histoire du Canada* de l'abbé Ferland, l'écrivain si érudit et si laborieux, l'*Histoire de Cinquante ans* de M. Bédard, le *Dictionnaire généalogique des familles canadiennes* de l'abbé Tariguay, les études si précises de Mgr Alexandre Taché, l'infatigable missionnaire du Haut Canada, les ouvrages de l'abbé Casgrain, de M. Louis Turcotte, de M. Lemonie, de l'abbé Laverdière, le savant éditeur des *Œuvres* de Champlain, de M. Benjamin Sulte et de bien d'autres, car l'histoire est cultivée au

Canada plus peut-être qu'en aucun autre pays du monde.

Il faut mentionner, de plus, l'excellente esquisse de la littérature canadienne de M. Hector Fabre et le travail sur le même sujet de M. Lareau, travail beaucoup plus complet, mais où, malheureusement, les écrivains canadiens des deux langues sont étudiés pêle-mêle, ce qui désoriente un lecteur français.

Nous n'avons rien de particulier à dire ni du roman, ni du théâtre. Pas plus qu'aux États-Unis, il n'y a de théâtre au Canada. Quant au roman, il n'a guère d'autre valeur que de peindre assez exactement les mœurs du pays, mais sans relief, sans passion, sans vie.

Restent les poètes, qui vont nous arrêter au passage. La poésie n'est pas, comme le drame ou le roman, un art de la maturité; la jeunesse y met moins de savoir-faire, mais aussi plus de sincérité.

CHAPITRE XIV.

LA POÉSIE ET LES POÈTES.

M. Garneau. — Un séminaire de poètes. — Crémazie et le jeune Fréchette. — M. Fréchette. — Développement de la poésie canadienne.

Remarquable historien, Garneau est poète aussi, doué d'une gracieuse imagination et d'une fine sensibilité. Il n'imite que d'une façon très générale les grands poètes français de la première moitié de ce siècle; ses comparaisons sont bien à lui et telle alliance de mots comme *les vents amers* révèle plus qu'un amateur, un connaisseur très renseigné sur la valeur de la langue : les poètes, les musiciens, se jugent d'après les mots qu'ils emploient : tels mots, tels rêves évoqués ; et à quoi bon la poésie qui n'évoquerait pas des rêves ?

Voici une assez jolie pièce de vers de M. Garneau où, parmi des choses malheureusement ordinaires, des détails vraiment trouvés surgissent :

A UNE JEUNE FILLE.

Amie, allez ce soir au bal en robe blanche,
A vos cheveux unis nouez une pervenche
Éclatante d'azur.

> Allez jouir; cueillez cette heure diaphane.
> On n'est pas toujours jeune, et la gaieté se fane,
> Même sur un front pur.
>
> Voyez : sur le vallon octobre étend sa brume ;
> L'herbe est noire déjà ; le lac, bordé d'écume ;
> Le jardin, sans bouvreuils.
> Plus de genêts en fleurs mêlés parmi les aunes !
> La nuit, des vents amers sèment de feuilles jaunes
> Le givre sur les seuils.
>
> Comme l'année, hélas, la vie a son automne.
> Alors, tout sous le ciel nous semble monotone ;
> La joie aussi fait mal...
> Qu'ai-je dit ? oubliez ce propos si morose.
> Dieux ! vous êtes encore au printemps ! l'heure est rose ;
> Allez ce soir au bal.

M. Hector Fabre a appelé Garneau « un versificateur brillant et un ciseleur habile » ; il y a autre chose en lui et précisément l'indéfinissable don qui en fit un poète. D'un très vieux chêne, il dira :

> Hélas ! il avait vu naître et mourir nos pères
> Et l'ombre qui tombait de ses bras séculaires
> C'était l'ombre du passé.

L'œuvre poétique de Garneau, poèmes, odes, pièces de circonstance, est pleine de trouvailles de ce genre : on conviendra que ce n'est pas sans motif que les Canadiens le regardent comme le père de leur littérature. Avant lui, il n'y a que des tentatives ; avec lui commence une nouvelle et féconde période, avec lui et avec Crémazie, un autre poète, dont le mérite est égal.

« On a souvent remarqué que tous nos poètes sont les

fils de nos montagnes, écrivait en 1882 M. l'abbé Casgrain. Connaissez-vous le nid d'aigle d'où la plus populaire de nos muses modernes a pris son essor? Parmi tant de sites des environs de Québec, qu'on ne cesse d'admirer, il en est un dont les voyageurs rapportent un souvenir ineffaçable : ce coin de montagne est celui qui sert de piédestal à l'une de nos plus belles institutions classiques, le collège de Sainte-Anne.

« Du haut de son dôme superbe, on ne distingue pas moins d'une vingtaine de paroisses disséminées gracieusement sur les deux rivages du fleuve qui n'a guère moins de cinq lieues de largeur en cet endroit et dont l'immense nappe d'eau parsemée d'îles se perd à l'est et à l'ouest dans les profondeurs de l'horizon. Il n'est peut-être pas de lieu sur tout le parcours du Saint-Laurent où ses rives paraissent aussi grandioses et aussi pittoresques :

« Les environs immédiats du collège sont aussi gracieux que le panorama dont on y jouit est immense. Les larges ailes de l'édifice s'étendent sur la hauteur entre les massifs d'arbres, comme un aigle géant qui ouvre sa puissante envergure pour prendre son vol, ou qui vient de s'y poser.

« La cour des élèves a été percée dans la forêt qui lui sert encore de ceinture. Taillée irrégulièrement, selon les caprices du terrain, elle est plantée çà et là de jeunes érables, ornée de kiosques, de berceaux, de jeux, embellie de jardins et de vergers. Le coup d'œil que présente cette retraite durant les beaux jours de l'été, quand elle est toute retentissante des cris des élèves et les chants des oiseaux fait naître l'idée de ces oasis enchantées dont rêvent les poètes.

« Il y a vingt-cinq ans, par une tiède matinée de juin, à l'heure où les élèves en congé bourdonnaient dans cette cour comme un essaim d'abeilles, un jeune étudiant, dans toute la fleur de l'adolescence, aux cheveux blonds et bouclés, à la taille mince, aux traits délicats, un peu pâle, à l'œil bleu velouté, était assis à l'écart sous un taillis, en compagnie d'une couple de ses camarades. La chevelure au vent, l'air inspiré, il leur lisait, d'une voix vibrante, des passages détachés d'un livre qu'il déposait de temps en temps pour saisir un journal où il leur faisait admirer quelques strophes de vers fraîchement publiées.

« C'était un tableau à peindre, que ce groupe de jeunes gens, encadré dans un rideau de ramures vertes, qui secouaient sur leurs têtes, avec la brise, les rayons tamisés du soleil. Des éclairs dans leurs yeux, des éclats de voix, des gestes animés, tout indiquait l'enthousiasme juvénile que lui inspirait ces lectures.

« Quel était ce livre ? Quels étaient ces vers ? Ce livre, c'était l'histoire du Canada de Garneau. Ces vers, c'étaient ceux de Crémazie. Ce jeune enthousiaste, c'était celui qui, le premier parmi les Canadiens, devait plus tard aller offrir son front aux lauriers de l'Académie française.

« Garneau ! Crémazie ! voilà les auteurs de la révolution littéraire que nous avons eue et qui a révélé au delà de l'Océan le Canada intellectuel. »

Nous avons tenu à citer, presque sans coupures, cette

page bien canadienne, où l'auteur semble vouloir s'entraîner en un patriotique enthousiasme avant de prononcer les noms de ses maîtres. Le lauréat dont il est question, c'est, on s'en souvient, M. Fréchette ; dernier venu, il doit céder la place aux ancêtres.

Crémazie! De si harmonieuses syllabes sont comme une prédestination. Pourtant, les débuts de cet excellent poète furent pénibles : on le critiqua avec une dureté spéciale, et un journaliste trouva ce mot demeuré légendaire au Canada : « C'est de la prose où les vers se sont unis. » Mais le jour de la revanche devait arriver.

« Ce fut la guerre de Crimée, rapporte M. Fréchette, qui lui inspira les premiers chants où son génie se révéla. Tous ces bruits lointains de combats et de gloire le remuaient profondément. Dès l'aube, on le voyait souvent seul, pensif... Il regardait passer, au milieu d'une auréole lumineuse, les éblouissantes cavalcades des états-majors, les drapeaux déchirés et poudreux, les bataillons hérissés de baïonnettes se remuant dans la fumée et dans la mitraille.

Il entendait la fusillade, le canon, les fanfares du clairon, les hurlements de la mêlée...

« Il rentrait chez lui et, sous sa plume, jaillissaient ces strophes puissantes, ces éclatantes métaphores, ces vers magiques qui frappèrent si vivement les jeunes imaginations de l'époque. Crémazie aimait la France avec idolâtrie et ce fut le patriotisme qui le sacra poète... Il chantait notre passé, réveillait nos glorieux souvenirs, et nous conduisait, pour ainsi dire par la main, à travers ce qu'il appelait dans son langage superbe,

> Tout ce monde de gloire où vivaient nos aïeux. »

Mais les plus nobles sentiments ne suffisent pas pour faire de beaux vers et l'inspiration est un guide bien dangereux quand le travail ne vient pas le modérer. M. Fréchette l'a reconnu lui-même après tous les critiques canadiens, « le défaut de Crémazie est la négligence. Il ne travaillait pas assez son sujet. De là des faiblesses, des répétitions, une certaine monotonie dans la forme, une trop grande propension à tourner dans le même cercle d'idées. Mais quelles images, quelle ampleur de style, quels coups d'ailes magnifiques! »

Une des plus belles pièces de Crémazie lui fut inspirée par l'ouverture des relations commerciales, en 1855, entre la France et le Canada. C'est une sorte de cantate composée pour fêter l'arrivée de la corvette française *la Capricieuse*. Il s'agit d'un vétéran aveugle qui a passé sa vie à attendre le retour des Français. Chaque fois que le canon tonne au large, il s'imagine que c'est le signal de l'arrivée de la flotte que jadis il vit repartir; chaque fois, son fils est obligé de le détromper, mais son vivace espoir ne meurt pas, et il s'éteint en murmurant : « Les Français reviendront, hélas! et je n'y serai pas. »

Le poète, alors, prend la parole :

> Tu l'as dit, ô vieillard! La France est revenue !
> Au sommet de vos murs, voyez-vous dans la nue
> Son noble pavillon dérouler sa splendeur ?

Et voici qu'un spectre apparaît sur les murailles : c'est le vieux soldat que le canon français a réveillé dans sa tombe ; il n'est pas seul :

> Tous les vieux Canadiens moissonnés par la guerre
> Abandonnent aussi leur couche funéraire,
> Pour voir réaliser leurs rêves les plus beaux.
> Et puis on entendit, le soir, sur chaque rive,
> Se mêler au doux bruit de l'onde fugitive
> Un long chant de bonheur, qui sortait des tombeaux.

Crémazie incarna la rénovation des aspirations de ses compatriotes vers la France qui devaient trouver, vingt ans plus tard en M. Fréchette, un interprète moins fougueux, mais il nous semble plus éloquent.

Les vers de l'auteur des *Fleurs boréales* ont une fermeté qui manque d'ordinaire à la poésie canadienne, et l'on a le plaisir, en le lisant, de sentir un artiste respectueux de la forme, qui ne laisse son œuvre voir le jour qu'autant qu'il la juge arrivée au point de perfection dont il est capable. Voici, par exemple, deux strophes vraiment irréprochables, sauf une rime malheureuse :

> Oui, deux siècles ont fui. La solitude vierge
> N'est plus là. Du progrès le flot montant submerge
> Les vestiges derniers d'un passé qui finit.
> Où le désert donnait grandit la métropole
> Et le fleuve asservi courbe sa large épaule
>   Sous l'arche aux piliers de granit.
>
> Plus de forêts sans fin : la vapeur les sillonne !
> L'astre des jours nouveaux sur tous les points rayonne ;
> L'enfant de la nature est évangélisé ;

> Le soc du laboureur fertilise la plaine,
> Et le surplus doré de sa gerbe trop pleine
> Nourrit le vieux monde épuisé.

On comprend que l'Académie française ait distingué cette poésie : elle est vraiment académique.

C'était une œuvre digne de tenter un poète, que de raconter en vers les héroïques épisodes semés par les Français au Canada durant presque un siècle de luttes incessantes contre les Anglais. C'était une œuvre digne surtout d'un poète canadien, et M. Fréchette, qui l'entreprit, pouvait seul la mener à bien. L'analyse d'un de ces récits et quelques citations intéresseront vivement; de plus, rien ne donnera une plus nette idée du réel talent de ce poète, plus connu, en France, d'ailleurs, qu'aucun autre de ses compatriotes : *Le Drapeau fantôme!*

> Nous sommes loin, bien loin... Ces bruits sourds et confus
> Que le vent nous apporte à travers les grands fûts
> Qui percent les fourrés ou bordent la prairie,
> Ce sont les grondements du saut Sainte-Marie.
> Là dans les lointains bleus qui bordent l'horizon,
> Où paissaient autrefois l'élan et le bison,
> Par delà la forêt et la chute qui gronde
> Se balancent les flots du plus grand lac du monde.

C'est au temps que fut signé le traité de Paris.

> Honte qu'à tout jamais répudîra l'histoire, —
> ... Nous étions devenus Anglais comme en un rêve!

Partout le drapeau français s'était replié, partout sauf en un seul point, au fort Sauvage, où commandait un brave nommé Cadot. Survient un envoyé des Anglais.

Cadot se moque de ses réclamations, puis se fâche, tout en questionnant, et lorsque l'officier lui réplique que le roi a cédé le Canada aux Anglais :

> Le roi de France aurait vendu le Canada !
> Eh bien, l'on ne vend pas les Français qu'il renferme,
> Si vous croyez pouvoir nous prendre, allez-y ferme !
> Car tant que je serai vivant, et le plus fort,
> Mon drapeau flottera sur le donjon du fort.
> Allez !...

Fig. 35. — Le défenseur du fort Sauvage.

Le siège commença, un siège en règle, qui dura six mois.

Au dégel, du renfort arriva. Cent grenadiers montent à l'assaut de la citadelle défendue par dix hommes. Dans ces conditions, « la victoire fut rude ».

> Mais Cadot, héroïque en sa rébellion,
> Du haut de ses remparts lutta comme un lion
> Et les troupes du roi reculèrent hachées.

Ce fut l'investissement. Ce que les canons ne pouvaient faire ni l'intrépidité des grenadiers, la famine le ferait. Mais non, les Français ont des vivres, et, s'il le fallait, ne seraient-ils pas assez fous pour tenter une sortie? Vient l'automne : les Anglais, lassés, déguerpissent.

> Battus, manquant de tout et craignant pour leur peau,
> Ils avaient laissé là Cadot et son drapeau,
> Et regagnaient Québec par la route du fleuve.

Glorieuse et triste victoire : le commandant n'a plus que deux hommes valides.

> Mais c'étaient comme lui deux paroissiens solides
> Qui n'avaient pas souvent, comme on dit, froid aux yeux,
> Devant le vieux drapeau dont le pli glorieux
> Sur le fond vert des bois, comme un vol de mouette,
> Faisait toujours trembler sa blanche silhouette.

Les trois braves, qui sont trois chrétiens, s'agenouillent et dans un *Notre Père* mettant toute leur foi, jurent de mourir au pied du vieux drapeau.

Cependant, le gouverneur du Canada prit l'aventure en riant, haussa les épaules, défendit qu'on s'occupât plus longtemps de Cadot. Et non seulement les mois, mais les années passent. Les trois soldats vieillissent : l'un meurt, puis l'autre ; Cadot demeure seul. Vingt ans sont écoulés : Cadot n'est plus qu'une ombre, mais son courage n'a pas failli : il vit de sa chasse, reçoit parfois la visite d'une troupe d'Indiens, songe à la France, regarde son drapeau et attend.

Un jour, trois chasseurs qui connaissaient Cadot passent

et ne voient pas flotter comme d'habitude le drapeau au haut du mât. Inquiets,

> Ils entrèrent au fort. Un lugubre silence
> Régnait partout. Soudain dans un obscur réduit,
> Où le pressentiment d'un malheur les conduit,
> Les trois chasseurs se voient en face d'un cadavre ;

Fig. 36. — Mort de Cadot.

> C'était Cadot rigide, et — spectacle qui navre —,
> N'ayant que son drapeau pour dernier vêtement.
> Le héros était mort drapé dans son serment.

> Le Fort n'est plus debout. Pourtant sur ses ruines
> Le voyageur prétend qu'à travers les bruines
> Et les brouillards d'hiver on voit encor souvent
> Le vieux drapeau français qui flotte au gré du vent.

M. Fréchette a écrit tout un volume sur ce ton héroïque et familier, et il a eu le bon goût de ne pas répudier quelques jolies expressions canadiennes, qui relèvent encore le coloris de son œuvre.

Après ces trois poètes, que les Français de là-bas considèrent comme des maîtres, il serait négligent de ne pas écrire quelques autres noms.

Ils sont nombreux les poètes de la Nouvelle-France, ceux qui cherchent comme ceux qui ont trouvé un auditoire. L'un des plus connus est M. Lemay, et l'un des plus aimés pour avoir popularisé dans le Canada français *l'Évangéline* de Longfellow. Les Canadiens ont une tendresse particulière pour ce poème qui raconte un des plus cruels et des plus touchants épisodes de leur histoire, — et de la nôtre. M. Lemay en donne une traduction, dont le charme approche du charme même des vers anglais.

En vers comme en prose, M. Benjamin Sulte a beaucoup écrit, et très remarquées furent, à leur apparition, *Les Laurentiennes,* où *la Chanson de l'île* fut bientôt lue par tous les Français de là-bas.

Populaires de Québec aux grands lacs, sont les *Fables* et les *Contes* de M. Stevens, un Canadien d'origine belge, *le Bon pauvre* de M. Garneau fils, *La Découverte du Canada,* poème de M. Fiset, les *Rimes* de M. Elzéar Labelle, les vers humoristiques de M. Cassegrain, *Les Martyrs de la foi au Canada,* de M. Prud'homme, poème plein d'imagination et où abondent les épisodes tragiques ou charmants, les *Miettes poétiques* de M. l'abbé Casgrain.

La littérature canadienne est jeune ; on lui peut faire crédit. Il ne lui manque, pour s'imposer, qu'un peu de hardiesse ; quant au choix des sujets, il est presque indifférent; on peut, qu'ils soient vieux, qu'ils soient nouveaux, connus ou inconnus, en tirer des chefs-d'œuvre. Qui sait? demain, peut-être, notre littérature d'outre-mer aura cette consécration.

CHAPITRE XV.

LA LITTÉRATURE POPULAIRE.

Origines de la chanson populaire. — *La Claire Fontaine*. — *La Bibournoise*. — Complaintes religieuses. — La légende d'*Adam et Ève*. — Chansons des *Voyageurs et des Bûcherons*. — « *C'est dans la ville de Bailletonue* ». — Un barde populaire : Pierriche Falcon. — Chansons de danse. — Réjouissances d'hiver. — La danse ronde. — « *Le nicque du lièvre* ».

Il fut un temps, en France, sous Charles IX, où la chanson populaire était fort de mode à la cour. Montaigne en prit thème pour la louer et lui donner sa vraie valeur : « La poésie populaire et purement naturelle a des naïvetés et grâces, par où elle se compare à la principale beauté de la poésie parfaite selon l'art. » Ce jugement équitable peut être invoqué aujourd'hui qu'il est redevenu fort de mode, non pas guère de chanter, mais d'étudier la chanson populaire.

Le naturaliste qui retrouverait en deux pays séparés par la mer la même flore et la même faune terrestre en conclurait nécessairement qu'en des temps plus ou moins éloignés, ces deux pays ont dû n'en former qu'un seul. La même conclusion ressortirait de ce seul fait que les mêmes chansons populaires se chantent au Canada et dans le nord-ouest de la France : les deux peuples jadis ont été un seul peuple.

Faute d'autres documents, un point historique pourrait ainsi s'éclaircir, du moins d'une certaine lumière. Cela peut encore servir à prouver combien la tradition française est demeurée vivace au Canada, car c'est à peine, si, d'un continent à l'autre, apparaissent dans tel couplet de légères variantes. Mais nous nous intéresserons surtout à celles qui sont nées sur le sol canadien, soit que de nouvelles paroles, nécessitées par des usages nouveaux, aient remplacé les couplets primitifs, soit que de simples modifications de détail aient donné à la chanson normande ou bretonne un ton plus spécialement canadien.

Si nous avions cette ambition, nous ferions remarquer qu'une telle étude pourrait contribuer à éclaircir l'origine assez mystérieuse de ces chansons, dont l'auteur est toujours inconnu. Si, en effet, les chansons populaires de l'Europe remontent sans doute à l'époque où l'Europe était romaine, cela ne veut pas dire que d'autres chansons n'aient pu naître depuis cette époque ; celles qui sont purement canadiennes, entre autres, ne sauraient remonter plus haut que le dix-septième siècle. Dans la littérature populaire, comme dans l'autre, serait donc un grand fleuve, dont la source se perd dans la nuit des temps et qui, chaque jour, plus ou moins, se grossit d'affluents nouveaux. Là, non plus, rien ne se perd et rien ne se crée, mais tout se transforme : la chanson entendue aujourd'hui remonte peut-être aux primitives époques, babylonienne ou égyptienne, ou plus haut, mais incessamment, de peuple en peuple et de siècle en siècle, elle s'est modifiée

Fig. 37. — Voyageurs canadiens.

comme l'humanité même, dont elle est le miroir le plus fidèle et peut-être le plus ancien.

Il y a peu de chansons populaires plus connues en France et, d'ailleurs, plus délicieuses que *la Claire fontaine*, cette mélancolique plainte d'amour. La version qui se chante au Canada semble moins jolie que la version normande ; ce n'est pas une fillette, c'est un jeune homme qui se plaint d'avoir été abandonné, et le tour donné à ses plaintes a quelque chose de moins saisissant. Je voudrais, dit la chanson normande,

> Je voudrais que la rose
> Fût encore au rosier,
> Et que mon ami Pierre
> Fût encore à m'aimer.

et ces vers sont dignes de toutes les anthologies, quoique d'assonances boiteuses. Je voudrais, dit la chanson canadienne,

Je voudrais que la rose
Fût encore au rosier,
Et que le rosier même
Fût à la mer jeté.

Là, le trait final nous plaît moins, malgré son énergie. Mais, en somme, les deux chansons ont la même inspiration, le même sens ; on voit parfaitement que la version canadienne et la version normande ont pu naître chacune de leur côté parallèlement et de génération spontanée.

Voici un exemple de modification bien plus imposante. Il y a une chanson populaire française, et qui se retrouve également au Canada, dont les paroles se chantent ainsi, pour le premier couplet :

> Par derrière,
> Chez mon père,
> Vole, mon cœur, vole,
> Par derrière,
> Chez mon père
> Il y a un pommier doux,
> Il y a un pommier doux, doux, doux,
> Il y a un pommier doux.

Cette chanson, qui est une sorte de ballade fort belle, a servi, musique et paroles, de cadre pour une autre chanson d'origine purement canadienne, et qui débute par ces vers :

> Vive la Canadienne!
> Vole, mon cœur, vole,
> Vive la Canadienne!
> Et ses jolis yeux doux
> Et ses jolis yeux doux, doux, doux,
> Et ses jolis yeux doux.

LA LANGUE, LA LITTÉRATURE, LES MŒURS. 217

Et tout le long des deux chansons, c'est le même pa-

Fig. 38. — Village canadien.

rallélisme, avec la stricte conservation des assonances en *ou* pour tous les vers masculins. Remarquons que la chanson faite au Canada est assez inférieure à son modèle, hormis dans le premier couplet, dont on ne saurait dire de mal.

Le Canada, il n'y a pas encore bien des années, n'avait qu'une littérature naissante, à peine lisible. Pays très catholique, il ne pouvait pas toujours sympathiser avec notre littérature moderne; dans ces conditions, le conte et surtout la chanson populaire devaient avoir beaucoup d'amateurs. A vrai dire, ce n'était pas seulement le peuple, c'était la nation entière qui chantait : *C'est dans la ville de Bailletonne* (1), ou *sur le pont de Nantes*, ou encore *la Bibournoise*.

« Ce dernier refrain était, il y a vingt ans, dit M. Gagnon, une des chansons favorites des élèves du petit séminaire de Québec. J'ai souvent entendu dire que deux Anglais ne peuvent déboucher de concert une bouteille de champagne sans chanter : *God save the Queen !* Je crois qu'il était également impossible autrefois à deux élèves du petit séminaire de Québec de se rencontrer en vacances sans chanter *la Bibournoise*. » Cette chanson, plus bizarre que jolie, doit à la musique une grande partie de son charme. En canotant, le Canadien chante volontiers cet air assez entraînant, dont les paroles réunissent fraternellement au refrain les airs de *Vive le roi et la reine* et *Vive Napoléon;* air et paroles sont fort connus en France, et la politique seule peut les obliger à se dérober présentement.

Qu'il y en a de charmantes de ces chansons, et d'une si simple poésie !

En veut-on une entière ? Celle qui suit a été recueillie dans la petite ville canadienne de Sorel; elle est assez complète, un peu mystérieuse comme toujours et relevée, dans sa naïveté, par des mots et des tournures que l'on ne trouve que dans la chanson populaire :

---

(1) Prononciation à la française de *Bytown*, ancien nom d'Ottawa, capitale politique de la « Dominion » du Canada.

« C'était une frégate,
Mon joli cœur de rose,
Dans la mer a touché
Joli cœur d'un rosier.

Y avait une demoiselle,
Mon joli cœur de rose,
Y avait une demoiselle
Joli cœur d'un rosier.

Dites-moi donc, la belle,
Mon joli cœur de rose,
Qu'avez-vous à pleurer?
Joli cœur d'un rosier.

Je pleure mon anneau d'ore,
Mon joli cœur de rose,
Dans la mer est tombé,
Joli cœur d'un rosier.

Que donneriez-vous, belle,
Qu'irait vous le chercher?
Je suis trop pauvre fille,
Je ne puis rien donner.

Que mon cœur en mariage,
Pour mon anneau doré.
Le galant se dépouille,
Dans la mer s'est jeté

De la première plonge,
L'anneau d'or a touché
De la seconde plonge,
L'anneau d'or a sonné.

De la troisième plonge,
Le galant s'est noyé.
Allait à la dérive,
Comme un poisson doré.

Son père sur la fenêtre,
. . . .
Le voyait dériver.
. . . .

Faut-il pour une fille,
Mon joli cœur de rose,
Que mon fils soit noyé !
Joli cœur d'un rosier.

Les chansons ou complaintes religieuses ne sont pas spéciales au Canada ; mais en cette colonie, longtemps dominée par des lois purement religieuses, comme un couvent, en ce pays de puritanisme catholique, ce genre de poésie populaire a toujours été très répandu. Bien curieuse est cette longue, longue complainte d'*Adam et Ève;* M. La Rue, qui l'a recueillie, la donne pour un chef-d'œuvre ; elle est, en tout cas, d'une naïveté presque sublime.

Adam était assis tout seul
Sous un tilleul ;
Étant couché sur l'herbe tendre,
Tranquillement,
Un doux sommeil vint le surprendre,
Dans ce moment.

Pendant qu'il dort, son Créateur,
Et son auteur,
Lui prit doucement une côte
De son côté,
En forma une femme charmante,
Rare en beauté.

Adam, la voyant, s'écria :
« Ah ! la voilà !
Ah ! la voilà, celle que j'aime,
L'os de mes os !

> Donnez-moi-la, bonté suprême,
>   Pour mon repos. »
>
> Adam, père du genre humain
>   Prit par la main,
> Ève, cette charmante belle,
>   Sa tendre épouse,
> Devant Dieu se jette avec elle,
>   A deux genoux.
>
> Dieu bénit ce couple charmant
>   Dans le moment.
> Un berceau tissu de verdure
>   Fut leur logis...
> . . . .
>   . . . .

Puis vient l'histoire du fruit défendu et la malédiction, suite de la désobéissance ; alors Dieu prend la parole :

> Tu n'as pas écouté ma loi,
>   Femme, pourquoi ?
> Mène une vie pénitente...
>
> Adam, tu mangeras ton pain
>   Avec chagrin ;
> Va cultiver la terre ingrate.
>   Sors de ce lieu...

Et le premier pécheur s'écrie :

> Je te fais mes derniers adieux,
>   Les larmes aux yeux,
> Jardin charmant, heureux parterre !
>   Quel triste sort !
> Je m'en vais cultiver la terre,
>   Jusqu'à la mort !

Cette complainte, ainsi qu'on le voit à la coupe trop

savante des vers, à des rejets, à des rimes riches, n'est qu'à demi populaire. Le même genre réclame toute une famille de chansons spéciales au Canada, les chansons des *Voyageurs*.

Nous avons parlé dans un autre volume de ces hommes menant une vie à part, célèbres par leurs lointaines excursions, précieux auxiliaires de la civilisation, dont ils étaient les infatigables pionniers. Sous le nom de *Coureurs des bois,* des romans d'aventure ont maintes fois peint leurs mœurs à demi sauvages, plus pareilles à celles des Iroquois ou des Esquimaux qu'à celles des Canadiens civilisés. La race de ces hardis voyageurs se perpétue encore de nos jours dans ces hommes vigoureux employés naguère par la Compagnie du Nord-Ouest et celle des postes du Roi, englobées maintenant dans la Compagnie de la Baie d'Hudson.

A cause de leur bravoure à toute épreuve, fait observer M. La Rue, de leur force de résistance au froid, à la chaleur, aux fatigues; à cause surtout de leur habileté à se tirer des plus mauvais pas et de leur honnêteté proverbiale, c'est à des Canadiens français que la puissante Compagnie confie de préférence la garde des postes les plus sauvages et les plus éloignés; c'est à eux encore qu'échoient les longues excursions en canot d'écorce ou à travers la forêt. Malgré la haine qui semble l'inspirer contre tout ce qui est canadien français, M. Troing, dans son *Astoria,* n'a pu s'empêcher de rendre justice à ces braves voyageurs.

Il faut mettre à côté d'eux les intrépides bûcherons,

ces hommes de cage, c'est-à-dire conducteurs des *cages* ou trains de bois, aux travaux desquels le Canada doit une grande partie de sa richesse. Venant surtout des paroisses qui avoisinent les villes, ils quittent leur foyer et s'enfoncent dans les forêts du haut Canada, aux gages de quelques riches spéculateurs. Il est digne de remarque encore que ces spéculateurs, bien que d'origine anglaise, accordent aux Canadiens français, pour ces rudes travaux, la même préférence que la Compagnie de la Baie d'Hudson.

C'est vers la Saint-Michel ou la Toussaint qu'a lieu d'ordinaire leur départ. Bien qu'ils ne doivent revenir au pays qu'au bout de plusieurs mois, néanmoins ce n'est pas eux qui encombrent de leurs bagages les chemins de fer ou les bateaux : tout leur avoir est contenu dans un mouchoir de soie rouge, qu'ils portent à la main avec la plus grande aisance. D'une bonne humeur à toute épreuve, d'une loquacité et d'une verve intarissables, ils chantent, et on les reconnaît au premier coup d'œil, sur le tillac des bateaux à vapeur, vêtus à la légère, mais toujours fidèles à la ceinture rouge qui entoure leurs reins.

Ils chantent :

> C'est dans la ville de Bailletonne,
> Mon capitaine, je rencontrai.
> Il a tiré son écritoire
> Et du papier pour m'engager.
> Hélas ! j'en eus la promptitude !
> Hélas, je me suis-t-engagé !... »

Ou bien :

Parmi les voyageurs, il y a de bons enfants,
Et qui ne mangent guère, mais qui boivent souvent...

Ou bien encore :

Voilà les voyageurs qu'arrivent,
Bien mal chaussés, bien mal vêtus ;
Pauvre soldat, d'où reviens-tu ?

— Madame, je reviens de la guerre ;
Madame, tirez-nous du vin blanc,
Les voyageurs boivent sans argent.

Les voyageurs se mettent à table.
Ils sont à boire et à chanter,
L'hôtesse s'est mise à pleurer.

— Ah ! qu'avez-vous, jolie hôtesse ?
Regrettez-vous votre vin blanc ?
Les voyageurs boivent sans argent.

— Ce n'est pas mon vin que je regrette,
C'est la chanson que vous chantez ;
Mon défunt mari la savait.

J'ai un mari dans le voyage ;
Y a bien sept ans qu'il est parti,
Je crois que c'est lui qu'est ici.

— Ah ! taisez-vous, méchante femme,
Je ne vous ai laissé qu'un enfant ;
En voilà deux dès à présent.

— J'ai donc reçu de fausses lettres
Que vous étiez mort, enterré ;
Alors je me suis remariée.

Nous n'avons pas la fin de cette ballade qui doit se terminer d'une façon tragique.

Ce n'est certes pas à une telle chanson que peut s'ap-

LA LANGUE, LA LITTÉRATURE, LES MOEURS.   225

pliquer le terme de *semi-populaire;* elle est au contraire bien populaire et très ancienne : les voyageurs canadiens ont substitué leur nom et leurs mœurs à celles des ma-

Fig. 89. — Départ des traîneaux.

rins qui paraissent dans les versions répandues en France. Cette appellation, en revanche, convient on ne peut mieux à ces chansons composées par un voyageur du nom de Pierriche Falcon, et destinées à célébrer la gloire des Bois-Brûlés qui soutinrent un combat fameux contre les milices anglaises en 1816. Ce fut une aventure, non sans analogie avec celle de Riel. Les métis culbutèrent les Anglais, comme le dit Pierriche Falcon :

> Si vous aviez vu tous ces Anglais,
> Tous ces Bois-Brûlés après,
> De butte en butte les Anglais culbutaient,
> Les Bois-Brûlés jetaient des cris de joie.

Les chansons de danse et de jeu ont une saison, au Canada : l'hiver, le long, terrible et noir hiver qu'il faut passer enfermé chez soi. L'été est la période active ; l'hiver, le temps du repos. Les Canadiens prétendent que leur hiver a des charmes si réels « qu'ils l'ont choisi, et avec raison, pour l'époque de leurs fêtes et de leurs réjouissances. » Admettons, si vous le voulez, cette version : elle est, au moins, d'une authentique origine. Des plaisirs de l'hiver dans la haute classe, il n'y a guère à dire : ils sont les mêmes sur toute la surface du globe : dans le peuple, et particulièrement chez les paysans, c'est bien différent. M. La Rue, qui a donné, dans le *Foyer Canadien,* tant de jolies études de mœurs, sous prétexte de chansons, trace un pittoresque tableau des plaisirs de l'hiver, à la campagne :

C'est aujourd'hui dimanche, et de temps immémorial, à chaque dimanche que Dieu amène, tous les enfants se réunissent chez le père François. Il fait un froid à pierre fendre, un temps sec, disent les gens. La bise fouette les grands peupliers du jardin, leurs branches sèches et raidies par les glaçons font entendre un sifflement aigu. Les traîneaux glissent avec rapidité sur la neige durcie, et de l'acier de leurs lisses s'échappe un grincement particulier : c'est la neige qui crie, disent les gens. »

Un mugissement vague, sourd, indéfinissable dans sa grandiose splendeur, s'élève du fleuve, sur lequel roulent en s'entrechoquant d'énormes glaçons. La lune répand à flots une clarté brillante dont nos nuits lunaires ne peuvent, paraît-il, donner qu'une très faible idée. Ce n'est pas le terne éclat de la lune dans les climats tempérés ; c'est un demi-jour, plutôt que la nuit.

Les uns après les autres les invités arrivent : ceux qui sont en retard n'ont aucune excuse, car les chemins sont bons, les balises sont à leur place, et il fait clair comme à midi, disent les gens.

Ils entrent, les uns, les hommes, enveloppés dans ce long capuchon de peau de buffle qui s'appelle, en canadien, capot de peau de cariole ; une ceinture rouge le serre autour de la taille. Sur la tête, ils portent un épais casque d'astrakan ou de mouton ; les pieds sont chaussés de bottes en drap ou de souliers de peau d'original, article indispensable pour compléter une toilette soignée.

Les femmes disparaissent entièrement dans le manteau de drap qui les enveloppe de la tête aux pieds ; pour bonnet elles portent une de ces coiffures antiques désignées sous le nom de *grosse tête* ou de *tarèse*.

Quand on a bien causé, on joue aux cartes, on dresse les tables, en les recouvrant d'un tapis (car il ne faut pas jouer sur son cercueil, disent les gens) ; tout en jouant, on mange des pommes et on croque des noisettes. Pendant cela, les enfants, après les premiers ébats, commencent à avoir besoin que l'on s'occupe d'eux : les aïeux s'en mêlent et organisent la *danse ronde*. Les *engagés* et les *engagères*, c'est-à-dire les *promis* et les *promises* se mettent de la partie, et l'on commence.

La plus jeune des petites filles est placée au centre du cercle et tous, se tenant par la main, tournent alternativement à gauche ou à droite, et dansent en chantant :

> Dans ma main droite, je tiens rosier,
> Dans ma main droite, je tiens rosier,
> Et qui fleurit, ma lon lon la,
> Et qui fleurit au mois de mai.
>
> Entrez en danse, joli rosier,
> Entrez en danse, joli rosier.
> Et embrassez, ma lon lon la,
> Et embrassez qui vous plaira.

Il y en a très long ainsi; ce qui fait qu'à la fin de la chanson l'on est bien aise de se reposer un peu avant de recommencer. Quelqu'un dit un conte ; puis on reprend le jeu, on joue à *Calli mailla*, à la *Belle bergère*, à la *Chaise honteuse*, et à beaucoup d'autres jeux ; on reprend de nouvelles rondes, telle que *le Clairon du Roi,* ou le *Nicque du lièvre,* qui commence ainsi :

> J'ai trouvé le nicque du lièvre,
> Mais le lièvre n'y était pas :
> Le matin, quand il se lève.
> Il emporte le lit, les draps.
>
> Sautons, dansons,
> Belle bergère entrez en danse,
> Et embrassez qui vous plaira.

Enfin, l'on soupe, et, au dessert, mille occasions se retrouvent de chanter encore ; mais pour nous, qui avons commencé par les chansons, il semble que nous n'avons plus qu'à fermer ce chapitre, déjà long.

CHAPITRE XVI.

LE PAYSAN CHEZ LUI.

Normands et Bretons. — Intérieur d'une chaumière canadienne. — Le vieux fusil à pierre. — Le bénitier, le buis bénit et l'eau bénite. — Une berceuse canadienne. — Nourriture. — Le thé et le café. — Mets nationaux. — *La Guignolée.* — Devinettes. — Contes populaires.

Les traditions sont très tenaces chez le paysan canadien : il sait les chansons, il sait aussi les contes de la vieille France ; il garde ses mœurs avec plus de jalousie que les serviles « sauvages » de Canghawaga, aux environs de Montréal, qui portent des chapeaux de soie et font instruire leurs filles chez les révérendes sœurs : — habitudes supérieures, après tout, à celles de leurs congénères, dont nous avons visité les misérables *réserves*. Oui, il faut le lire sous la plume de véridiques écrivains canadiens pour se représenter les filles des *squaws* jouant du piano. « Imaginez-vous donc, comme le dit M. Silva Clapin, toutes les Atalas de la fable et du roman pianotant aujourd'hui *la Prière d'une Vierge* ou *les Cloches du Monastère!* » Bizarre destinée de ces peuples déchus, qui ont oublié leur civilisation et ne peuvent, sans ridicule, adopter la nôtre!

L'habitant n'est point si avancé. Il vit à son aise, mais

sans donner dans les nouveautés. Il n'a pas de piano, mais sa huche est pleine et pleins aussi, ses tonneaux. Quand les pommes sont abondantes, il fait sa provision, exporte le reste. C'est encore un grand commerce canadien et, quand la Normandie est en disette de pommes, elle achète parfois, sans s'en douter, des pommes du Canada, fruits de ces pommiers que jadis elle envoya à la colonie naissante.

Il paraît qu'il est encore possible aujourd'hui de distinguer, après deux siècles, l'origine normande ou bretonne de l'habitant. Les Bretons sont établis le long du fleuve et surtout vers son embouchure : une nostalgie de la mer ne leur a pas permis de descendre plus bas, dans l'intérieur, où se sont, au contraire, répandus les Normands. Les premiers sont volontiers pêcheurs et navigateurs ; les seconds se livrent exclusivement à la culture et à l'élevage. Les uns comme les autres avaient gardé leur caractère original, là mystique et entêté ; ici, fin, ardent au gain, sociable et enclin à l'ostentation : gagner, mais paraître gagner encore plus qu'on ne gagne ; avec cela, un penchant à l'aventure, qui les jette vers le grand inconnu du Nord-Ouest. Il faut ajouter que ces distinctions ne doivent pas être trop tranchées : Normands et Bretons ont été mêlés à bien d'autres familles provinciales, et nous pensons qu'un peu d'imagination est nécessaire pour retrouver au Canada des races si tranchées.

Quoi qu'il en soit, la maison du paysan canadien est à peu près partout la même, basse et couverte en lattes ou bardeaux, toute blanche sous sa peinture à la chaux, avec des volets verts ou rouges un peu criards. A l'intérieur, une seule pièce, ornée sur les murs de photographies ou de ces pieuses images d'Épinal que les missionnaires ont propagées dans le monde entier, et qui valent mieux, en leur naïveté, que des gravures qui viseraient à l'art et n'y arriveraient pas.

Au centre, comme dans les maisons russes ou suédoises, le poêle, qui, durant l'hiver, ronfle continuellement, finit par rendre l'air presque irrespirable ; mais il faut combattre le froid avant tout. Dans un coin, le lit, et s'éparpillant un peu partout, berceaux et couchettes : après dix ans de ménage, une famille n'a guère moins de dix enfants, comme dans les contes de fées, et beaucoup de ménages, à leurs noces d'argent ou plus tard, ont eu vingt, vingt-cinq enfants : fécondité qui en France serait désastreuse et qui, au Canada, est l'avenir de la race et la garantie de sa force à lutter contre l'anglo-saxonne.

On pense bien que, dans des maisonnettes si remplies d'enfants, les berceuses et les chansons de nourrice s'entendent du matin au soir. Ce sont les mêmes qu'en France ; les mêmes charmantes sornettes qui nous ont bercé, bercent les petits Canadiens et longtemps avant de connaître la géographie, ils ont entendu parler de Rouen, de Paris et de Versailles, comme dans la populaire berceuse suivante, dont les derniers mots sont comme une marque d'origine :

> A cheval, à cheval,
> Sur la queue d'un original ;

> A Rouen, à Rouen,
> Sur la queue d'un petit cheval blanc ;
> A Paris, à Paris,
> Sur la queue d'une petite souris ;
> A Versailles, à Versailles,
> Sur la queue d'une grande vache caille ;
> A Québec, à Québec,
> Sur la queue d'une belette.

Le paysan n'est guère chasseur, mais il conserve, comme un souvenir du vieux temps, le fusil avec lequel son aïeul a fait le coup de feu contre l'Anglais. Ces temps reviendront-ils? On ne le voit pas, et s'ils revenaient, le vieux « fusil français », mais à pierre, ne servirait plus à grand' chose. Le rouet et le métier à tisser jouent un rôle plus important, encore qu'amoindri, comme nous l'avons déjà vu ; c'est une grande ressource dans les longues soirées d'hiver. Souvent, en place de l'armoire, un grand coffre ou bahut, comme les ancêtres. En un endroit très apparent, le crucifix, le bénitier et le rameau bénit : les menues pratiques religieuses sont très vivaces au Canada; l'eau bénite, notamment, est regardée comme douée de beaucoup de vertus, entre autres de celle d'éloigner la foudre : mais c'est là une croyance universellement répandue dans les pays de foi catholique.

Levé de bonne heure, dès quatre heures en été, le paysan, sans travailler plus qu'en France où il mène relativement une vie de loisirs, a cependant une vie assez active, surtout à l'époque des grands travaux agricoles. Il mange du lard, des pommes de terre, des pois, du pain de sarrazin, boit du thé ou du café, le plus souvent.

Pour l'habitant, aussi bien que pour le citadin, c'est l'hiver qui est la saison des plaisirs : on ne peut guère alors faire autre chose que de battre le grain ou tisser les

Fig. 40. — Sur la glace.

étoffes, et ces besognes laissent bien des loisirs pendant cinq mois.

« On se réunit en bandes nombreuses, et voilà que les traîneaux glissent comme le vent, emportés par de petits chevaux tout feu, dont les naseaux fument, et qu'excite encore le tintinnabulum des clochettes de leurs attelages. On va, on va ainsi, des milles durant, d'une maison à une autre, à travers la campagne toute blanche, sur la surface gelée des rivières, le long des forêts de sapins qui se dressent fantastiques sous la flambée d'étincelles de leurs aiguilles gelées, dans leur orfèvrerie de givre ». Parfois, dans la furie de la course, quelque vieux refrain éclate et naturellement LA CLAIRE FONTAINE, chanson si populaire qu'elle est devenue comme le chant national du Canada. Dans les maisons, où les femmes et les filles se tiennent prêtes à recevoir les visiteurs, les tables sont bien servies et sont loin de leur aspect frugal ordinaire : entre autres mets nationaux, on y aperçoit les *tourtières*, sorte de pâtés de jambon, les *beignes* qui doivent avoir une étroite parenté avec les beignets : les *croquignoles*, autre friandise du même genre. On boit encore du thé, mais après le thé vient le *wiskey*, dont parfois on abuse.

Une heure, deux heures s'écoulent ainsi en festivités, puis on se lève de table pour aller recommencer ailleurs. Cela n'a rien de commun avec les réunions familiales dont nous parlions au précédent chapitre : il s'agit là d'un carnaval.

Au premier jour de l'an, dans quelques paroisses, on court la *guignolée*. Cette coutume, que nous avons vue pratiquée jadis en Normandie, se perd au Canada aussi bien qu'en France : elle consiste à aller, durant la nuit, quêter en nature pour les pauvres, avec accompagnement de musique, de chants et des couplets suivants :

> La guignolée, la guignaloche,
> Mettez du lard dedans ma poche !
> Si vous voulez rien nous donner,
> Dites-nous-le.

> Nous vous prendrons la fille aînée,
> Si vous voulez.
> Nous lui ferons faire bonne chère,
> Nous lui ferons chauffer les pieds !

Les quêteurs sont généralement bien reçus : on les fait souper avant de leur donner la part des pauvres.

Mais, passer une veillée, en passer dix, ce n'est pas les passer toutes. Souvent, dans les maisons où il y a des enfants, c'est dire en toutes, on s'amuse à des chansons, à des devinettes, à des contes. Aux environs de Québec, comme aux environs de Chartres ou de Rouen, quelque garçon déjà grandelet et fier d'aller à l'école pose à son jeune frère cette question captieuse : « Pourquoi met-on sur les clochers des coqs et non des poules? » Grande perplexité! Pourquoi, en effet? Que ceux qui ne le savent plus consultent le premier enfant qu'ils verront revenir de l'école.

Le conte fleurit au Canada, le vieux conte qui, depuis des siècles, amuse ceux qui n'ont que cette littérature et qui n'ont pas la plus mauvaise. Ce côté des mœurs canadiennes est assez peu connu : on a négligé de recueillir les contes

Fig. 41. — Le traîneau.

comme on a recueilli les chansons. Néanmoins, nous en connaissons quelques-uns, grâce à M. Carnoy à qui nul conte n'échappe. Nous connaissons *le Cheval enchanté*, *les Trois Fées voleuses*, *les Trois Chars*, *les Figues merveilleuses*, et quelques autres encore. Celui du *Cheval enchanté*, bien extraordinaire et compliqué de toutes sortes d'aventures merveilleuses, doit avoir un grand succès, être bien souvent répété. Il n'est pas simple, disons-nous, il semble même que plusieurs fragments de contes se soient soudés sous ce titre : on serait aussi assez étonné d'y voir figurer un souvenir des pommes des Hespérides, s'il n'était bien' convenu qu'en fait de contes, principalement, il ne faut s'étonner de rien. Il a été conté, en 1883, par M. Adolphe Vantras, originaire du Canada (1).

(1) *Le Cheval enchanté* fait partie des *Contes français recueillis par M. Henry Carnoy*; Paris, 1885, in-18.

CHAPITRE XVII.

LE CHEVAL ENCHANTÉ.

Un pauvre homme mourut laissant trois fils.

Au retour de l'enterrement, l'aîné parla à ses deux frères et leur dit :

« Nous sommes trop pauvres; partons pour chercher la fortune.

— Non, pas tous les trois, dit le second; mais pars le premier. Si tu la trouves en chemin, tu reviendras vivre avec nous au village.

— Tu as raison, reprit le premier. Je m'en vais prendre la grande route et j'irai, s'il le faut, jusqu'au bout du monde. Voici un verre plein d'eau : tant que je serai heureux dans ma route, elle restera claire; mais s'il m'arrive un accident, elle deviendra trouble, et, si je meurs, elle deviendra toute noire. Alors Jacques partira à ma recherche. »

Le jeune homme prit un pain noir dans la huche et, un gros bâton d'épine noire à la main, partit à la recherche de la fortune.

Chaque jour, les deux frères regardaient le verre d'eau

et toujours l'eau était claire. Un matin, Jacques poussa un cri! l'eau toute trouble semblait presque noire.

« Viens vite, André, cria-t-il ; un grand malheur est arrivé à notre frère Antoine. »

André, le cadet, accourut.

« Vois-tu, frère, vois-tu, il me faut partir à l'instant au secours d'Antoine. Prends cet autre verre d'eau, et observe-le bien chaque jour. S'il m'arrive malheur, tu te hâteras de prendre la grande route et d'aller à notre recherche. »

Jacques se munit d'un pain noir, prit son bâton de voyage et dit adieu à son frère.

Quinze jours après son départ, l'eau du verre devint toute trouble, aussi trouble que l'eau du premier verre.

« Jacques est aussi en danger, se dit le cadet resté à la maison. Je pars au secours de mes frères. »

Et il fit comme il avait pensé. Un gros pain noir dans son bissac, le bâton d'épine noire à la main, il prit la grand'route et marcha toujours droit devant lui.

Le premier jour, il rencontra les gens d'une noce, qui accompagnaient les mariés au village voisin.

« Mettez-vous avec nous, jeune homme, et venez dîner avec les invités, lui dirent-ils.

— Tout de même, je vous remercie. »

André suivit la noce et dîna avec elle.

« Que voulez-vous que nous vous donnions, en souvenir de ce jour? demandèrent les épousés.

— Oh! peu de chose, donnez-moi un bon bout de corde.

— Un bout de corde! Vous plaisantez.
— Pas du tout. Je ne veux que cela. »
On alla lui chercher un bout de corde et on le lui donna.
André dit adieu aux gens de la noce et continua son chemin.

Le lendemain, comme il approchait d'un village, il rencontra une seconde noce.

« Venez avec nous, lui dit-on : un étranger porte bonheur aux nouveaux mariés ; vous nous direz des chansons. »

André suivit la noce et dîna avec elle.

« Que voulez-vous accepter en souvenir de ce jour? lui demandèrent les épousés.
— Peu de chose : seulement cette serviette trouée.
— Voyons, dites vraiment ce que vous désirez.
— Je l'ai dit, cette serviette trouée.

Fig. 42. — André à la recherche de ses frères.

— Alors prenez-la, et puisse-t-elle vous porter bonheur! »

Voilà André en route une fois de plus.

242   LES CANADIENS DE FRANCE.

Le jour d'après, il rencontra une troisième noce.

« Étranger, venez-vous au village avec nous? Vous prendrez votre part de la fête. »

André les suivit et, le dîner achevé, demanda, comme souvenir, un bout de chandelle d'un sou qu'il avait vu sur la cheminée. On lui offrit de l'argent, mais il persista à ne prendre que le bout de chandelle.

Durant toute une semaine, André ne rencontra personne à qui parler. La nuit venue, il couchait dans les granges abandonnées, cassait une croûte et repartait de grand matin.

Mais, un beau jour, il trouva sur son chemin un vieux cheval gris tout boiteux, qui semblait n'appartenir à personne.

« Tiens! un cheval que le bon Dieu m'envoie! pensa-t-il. La bête ne se vendrait pas bien cher au marché, mais qu'importe! Elle sera toujours assez forte pour me porter, et si elle ne peut trotter, eh bien, elle marchera. »

André s'approcha du vieux cheval, le caressa, s'apprêta à l'enfourcher :

« Tu veux bien me porter?

— Certainement, répondit le cheval. Tu es à la recherche de tes frères, à ce que j'ai ouï dire. Suis mes conseils de point en point, et tu les retrouveras.

— Mais qui es-tu donc? Je ne savais pas que les chevaux parlaient.

— Pour le moment, je ne puis te dire qui je suis; tu le sauras plus tard. Apprends seulement que je suis un cheval enchanté. Si tu ne veux pas que pareille chose t'arrive, il te faut beaucoup de prudence et de malice. D'abord, je dois t'avertir que tout à l'heure tu arriveras devant le palais qu'habitent les méchantes fées. Elles t'engageront à manger et à boire avec elles; mais n'accepte rien, il t'en arriverait malheur. »

Le jeune homme remercia le cheval et, après l'avoir enfourché, poursuivit son chemin. Il arriva devant un château magnifique, couvert en tuiles d'or. Des fées, toutes plus belles les unes que les autres, parurent aussitôt et l'engagèrent à entrer et à se reposer.

« Tu peux accepter leur invitation, dit tout bas le cheval à son maître. »

André mit pied à terre et suivit les fées.

« Tu vas dîner avec nous, dirent-elles.

— Vous êtes bien aimables, mais je viens de dîner et je n'ai pas faim.

— Tu accepteras bien un verre de ce bon vin!

— Pas davantage; car en passant près d'une fontaine, dans la forêt voisine, j'ai bu à ma soif. »

Les fées virent bien que quelqu'un avait prévenu le jeune homme. Alors, furieuses, elles se jetèrent sur lui et sortirent pour le pendre devant la grille du château. Là, les méchantes fées s'aperçurent qu'elles n'avaient pas de corde. Comment faire? pensaient-elles. Tout à coup l'une d'elles vit un bout de corde sortant de la poche d'André, et ses compagnes eurent bientôt fait de pendre à un grand arbre le malheureux jeune homme. Puis, elles rentrèrent au château, fort joyeuses de s'être débarrassées d'André. A peine étaient-elles parties que la corde se mit à s'allonger, à s'allonger tant et si bien qu'elle déposa sans aucun mal le pendu sur le sol.

« Vite, coupe la corde, dit le cheval gris à son cavalier. Tu es bien heureux d'avoir de la corde magique ; sans cela, je n'aurais rien pu pour toi. »

André coupa la corde et demanda ce qu'il fallait faire.

« Tu vois le jardin des fées. Dans le jardin est un parterre, dans le parterre un arbre ; sur l'arbre, il y a trois branches ; sur une des branches, trois pommes d'or. Vole au jardin et emporte les trois pommes merveilleuses. Hâte-toi, car si les fées te voyaient tu serais perdu. »

André courut au jardin, trouva le parterre, dans le parterre vit un arbre, et sur cet arbre trois branches et à l'une des trois branches les trois pommes d'or. Il les cueillit et s'en revint près du cheval.

« C'est bien, dit le cheval. Commence par détruire le château de ces méchantes fées.

— Comment? demanda André.

— Prends une de ces pommes d'or et jette-là sur les tuiles d'or du toit. »

André obéit et aussitôt le palais des fées s'engloutit avec ses habitants.

Quelques-unes des fées, cependant, qui revenaient du bois d'à côté ne périrent pas et, voyant un cheval et son cavalier s'enfuir dans le lointain, se lancèrent à leur poursuite. Les fées allaient vite, bien plus vite que le cheval boiteux, et André allait être rejoint, quand un grand lac se présenta devant les fugitifs.

« Nous sommes perdus! s'écria le jeune homme.

— Pas encore, dit le cheval. Jette une de tes pommes d'or dans le lac et les fées ne nous rejoindront pas. »

Dès que la pomme d'or eut touché la surface de l'eau, le lac disparut et fut remplacé par une plaine toute couverte de moissons. Mais lorsque le cheval boiteux l'eut traversée, le lac se reforma aussi rapidement qu'il avait disparu. Les fées qui accouraient, lancées de toutes leurs forces, se noyèrent toutes, à l'exception d'une seule, qui les suivait d'assez loin.

Le lendemain matin, le jeune homme arriva devant le château du roi du pays. A la porte, une charmante fille était enterrée dans le sable, et sa tête seule se montrait au dessus du sol.

« Par quel charme, demanda André, êtes-vous condamnée à rester ainsi?

— C'est la reine des fées qui m'a enchantée et quoi qu'ait pu faire le roi mon père, jamais on n'a pu me délivrer.

— Mais elle est morte cette fée, je la fis mourir hier.

— Dites-vous vrai? Alors, vous êtes mon sauveur, car demain je pourrai sortir de ma fosse. »

Le jeune homme alla se coucher dans la forêt voisine et revint, le lendemain, à la porte du château. La jeune fille était à moitié sortie de son trou.

« Revenez demain, lui dit la princesse, je serai libre, et vous direz au roi, mon père, que vous avez conjuré le sort des fées. Comme il a promis de me marier à mon libérateur, vous obtiendrez ma main. »

Encore une fois, André coucha dans la forêt. Le jour

suivant, à son retour, la princesse avait disparu, et la fée qui, seule, ne s'était pas noyée dans le lac, l'avait conduite au roi, son père, et lui avait dit que c'était elle-même qui l'avait délivrée.

« Puisque vous êtes une femme, vous vivrez au château et vous y serez la seule maîtresse après moi. »

La fée en profita pour dire aux gardes d'empêcher André d'entrer dans le palais. Quand le jeune homme se présenta, on le chassa honteusement, en le traitant de fourbe et de menteur.

« Que vais-je faire maintenant? demanda-t-il à son vieux cheval boiteux.

— Il te reste une pomme d'or, répondit le cheval. Lance-la sur ce grand figuier. »

André obéit et, de la cime de l'arbre, une hache d'or tomba.

« C'est bien. Maintenant prends cette hache et coupe-moi la tête d'un seul coup.

— Mais...

— Point de mais! Coupe-moi la tête. »

Le jeune homme prit la hache et coupa la tête du vieux cheval. A l'instant, le cheval disparut et, à sa place, Jacques et Antoine se montrèrent. Les trois frères s'embrassèrent et les aînés racontèrent à André comment les fées les avaient enchantés et changés en cheval.

« Maintenant, dirent-ils, allons au château du roi.

— Que voulez-vous? demandèrent les gardes.

— Parler au roi, dont nous avons sauvé la fille.

— Ah! encore ces imposteurs! s'écria le roi, qui passait. Gardes, qu'on les jette dans la cave des lions affamés. »

Les gardes prirent les trois frères et les enfermèrent dans un grand souterrain avec des lions, des ours, des tigres et des serpents, mais les féroces animaux se reculèrent pour faire place aux nouveaux arrivants, au lieu de se jeter sur eux.

Comme la cave était fort obscure, André prit la chandelle que les mariés lui avaient donnée autrefois et l'alluma. Puis il tira sa serviette, et aussitôt un dîner splendide se trouva servi et des tas de viande vinrent se placer devant chacun des animaux.

Pendant deux ans, bêtes et gens firent bon ménage; la chandelle ne s'usait point et, à l'heure des repas, la serviette merveilleuse fournissait à chacun les mets les plus recherchés.

Au bout de ce temps, on amena un prisonnier dans le souterrain. Les gardes furent bien étonnés de trouver vivants les trois frères qu'on y avait enfermés autrefois. Le roi fut prévenu et il parla de ce prodige à sa fille.

La princesse lui raconta tout ce qui s'était passé; la fée fut jetée aux bêtes féroces et dévorée à l'instant. Quinze jours après, André se mariait avec la fille du roi.

Comme il avait fini par rencontrer la fortune, ses deux frères ne se mirent plus en peine de courir après et épousèrent des princesses, amies de leur belle-sœur.

Ils vécurent tous heureux et eurent de nombreux enfants.

CHAPITRE XVIII.

PETIT GLOSSAIRE CANADIEN-FRANÇAIS.

Pour donner une idée claire des différences que l'on peut relever entre le canadien et la langue de notre Académie, il nous a paru assez intéressant de rédiger un petit glossaire des mots fort usités au Canada et à peu près intelligibles pour un Français : ce travail ne sera pas sans utilité pour ceux de nos lecteurs que ces chapitres engageraient à pénétrer plus avant dans la littérature canadienne.

Autant que possible, nous ne noterons que les mots de terroir et nous négligerons tous ceux qui, dérivés légitimement d'un mot connu, se comprennent sans effort.

ACTE. Loi.
ACTER. Jouer un rôle.
ADON. Heureux hasard ; en fr.
ADONNER. Arriver, avoir lieu.
AFFUTS. Ruses.
AIRS. Êtres (d'une maison).
ALLUMELLE. Lame.
AMAIN. Commode. On dit : un cheval amain.

AMANCHER. Avoir le dessus (tenir le manche).
AMBRE. Amble.
ANVALER. Avaler.
APPROBATION (ÉCHOS D'). P. approbateurs.
ARGENTÉ. Riche.
ARGENTS.
ARSE. Espace, place.

ATOUR. Parure, très usité.
ATTELÉE. Corvée.
AUBELLE. Aubier.
AVISSE. Vis.
AVOINE. Faire manger de l'avoine à quelqu'un. Le tromper en face.
BACHELIER. Jeune homme non marié.
BADRER. Ennuyer (de l'anglais *Bother*).
BALAN. Balancement.
BALANCINE. Balançoire.
BALISE. V. plus haut, p. 180.
BATTE-FEU. Briquet.
BATTERIE. Aire à battre le grain.
BEAUTÉ (UNE). Il marche *une beauté* plus vite que moi, c'est à dire bien plus vite.
BEIGNES. Sorte de gâteau, qui n'est pas le beignet.
BELLE. *Prendre sa belle* : saisir l'occasion.
BERS. Berceau.
BOMBE. Bouilloire.
BORDÉE DE NEIGE. Tempête de neige.
BOUCANE. Fumée.
BOUCANER.
BOUGRINE. Vareuse.
BOULIN. Tronçon d'arbre.
BOUQUET. Fleur.
BOURRÉE DE VENT. Bourrasque.
BRASSIN. Sirop de sucre d'érable.
BRULÉ. V. plus haut, p. 184.
BRUMASSER. Bruiner.
BRUNANTE (A LA). V. plus haut, p. 183.
BUTIN. Habits, effets.
BUTTE (UNE). Une grande quantité.
CABINET. Petite armoire.
CABOCHE. Bourgeon.
CADRE. Tableau (même métaphore en italien : *cuadro*).
CAGE. Train de bois flottant.
CAILLE. Pie, de couleurs mêlées.
CALÈCHE. Cabriolet (spécial à Québec).
CALINE. Bonnet, coiffe.

CAMPE. Campement.
CANNE. Cruche.
CANNELLE. Bobine.
CAPICHE. Capeline, capuchon.
CAPINE. Id.
CAPUCHE. Id.
CARRÉ. Jardin public, square.
CARRIOLE. Traîneau.
CASQUE. Bonnet de fourrure.
CAUCUS (mot américain). Réunion publique.
CENTIN. V. plus haut, p. 184.
CHAR. Voiture. *Char de Ire classe. Char-dortoir*, « sleeping-car ». *Les chars*, le train. *Manquer les chars*. Chars urbains, etc. V. plus haut, p. 183.
CHARLOT. Le diable.
CHAUD. Gris, ivre.
CHÉQUER. V. plus haut, p. 183.
CHIMÈRES. Lubies, caprices.
CHOULER. V. plus haut.
CHOUXER. V. plus haut.
CLAIR (TOUT A). Clairement.
CŒUR DE ROI. Bon cœur.
COMPAGNÉE. Compagnie.
COPIE. Exemplaire.
CORDEAU. Rênes.
CORPS. Gilet.
COUETTE. Lit de plume.
COUVERT. Couverture, couvercle.
CRÉATURE. Femme (sans aucun sens péjoratif).
CRIER. Gronder (français vieilli).
  Pourquoi me criez-vous.
  J'ai grand tort en effet. (Molière.)
CROIT ou ÉCROIT. Nouveau-né dans un troupeau.
CROSSE. 1° Nom d'un jeu d'origine indienne. 2° Raquette usitée à ce jeu.
CROUTE. Surface durcie de la neige.
CUIR A PATENTE. (Expression inexplicable.) Cuir verni.
D. Cette lettre se prononce en canadien,

dz, le z légèrement atténué. Ce défaut fait le désespoir des Canadiens qui en ont conscience, mais le mal, quel que soit son origine, est bien difficile à combattre.

DAME. Digue.
DÉGRADER, ARRÊTER. *Navire dégradé*, jeté hors de sa route.
DÉLABRE (EN). Délabré.
DÉMENCE (EN). En ruine.
DEMEURANCE. Demeure.
DÉPLANTER. Abattre d'un coup de fusil.
DÉPÔT. Station (de ch. de fer).
DÉROCHER. Épierrer.
DÉSABRIER. Découvrir.
DÉSAMAIN ET MALAMAIN. Le contraire de *amain*.
DEVISE. Énigme.
DIVORCE. Chicane.
DONAISON. Donation.
DOUTANCE. Doute.
DRAGUE. Déchet.
ÉBAROUI. Étourdi, abasourdi.
ÉCARTER. Égarer, perdre.
ÉCHARENGNURE. Égratignure.
ÉCUYER. Correspond à l'anglais Esquire. Même emploi abusif.
ÉGRÉMILLER ET ÉMIOCHER. Émietter.
ÉLINGUÉ. Élancé (s'applique aux personnes).
EMMALICER. Mettre en colère.
EN CI ET. *En ci et Paques*, D'ici Pâques.
ENCLOS PUBLIC. Fourrière.
ENFAITER. Remplir par dessus bords.
ENFARGES. Entraves.
ENFIOLER. Avaler vite.
ENGAGEMENT. Affaire. Rendez-vous.
ÉTRIVER (FAIRE). Taquiner.
FAINTISE. Mensonge.
FALE. Jabot des oiseaux.
FÉLICITER SUR... Féliciter de...

FERDASSER ET FERLASSER. Faire le bruit des feuilles sèches, du papier que l'on remue, des étoffes, etc.
FERRÉE. Bêche.
FIATE. Confiance, foi.
FIFOLLET. Feu-follet.
FINIMENT. Entièrement.
FLAMBE. Flamme.
FONCÉ. Riche.
FORMANCE. Forme.
FRASIL. Neige à demi congelée qui flotte dans l'eau.
FREDOCHE ET FARDOCHE. Broussaille.
FRICHE. Jachère.
FRIDILEUX. Frileux.
FRINGUE. Joie.
FRISONS. Vagues écumeuses, moutonnées.
FUMEZ. Restez! expression métaphorique facile à comprendre.
GAGNE. Gain.
GAMER. Happer avec la main, paumer.
GESTEUX. Maniéré.
GORGETTE. Bride de chapeau.
GOUDOELLE. Chalumeau pour recueillir le suc de l'érable.
GRAIN. Cheminée de fusil à capsule.
GRÉER (SE). Prononcez *Gréier*, s'habiller. *Se dégréer*, se deshabiller. Une femme bien *gréée* (gregée).
GRIPETTE. Le diable.
GROSSIER. Marchand en gros.
HABITANT. Paysan.
HACHE (ÊTRE A LA). V. plus haut, p. 184.
HAIM. Hameçon.
HALLOTER. Haleter.
HARD. Hart (Villon).
HUCHER. Appeler à haute voix ou en sifflant.
I. Le Canadien abuse de la suppression de l'*l* dans *il*, *ils*; ainsi *i'va*, *i'ira* etc.
INSOLENTER. Injurier.
JAMBETTE. Croc en jambe.

Jeu d'eau. Jet d'eau.
Journal (Lire sur le).
Laise. Lé.
Lancette. Aiguillon d'insecte.
Lard. Porc.
Lenvers. Envers.
Licencié. Patenté, autorisé.
Lisse. Rail de ch. de fer. *Rail*, peu usité au Canada, s'y prononce *rail* et non *raille*.
Macher. Meurtrier.
Machure. Meurtrissure.
Malému. Maussade.
Malouines. Bottes.
Marbre. Bille d'enfant.
Marcou. Matou.
Marle. Grive.
Marrène. Marelle.
Meublier. Ébéniste.
Moine. Toupie.
Moins (Dans le petit). Au moins.
Montrance. Apparence.
Mordure. Morsure.
Mucre. Humide (Du temps).
Norolle. Sorte de brioche.
Nuage. V. plus haut, p. 183.
Nubée. V. plus haut, p. 183.
Nuisance. Peine, ennui, tort.
Octroi. Allocation.
Offense. Délit.
Oreiller. Coussin.
Oublie. Pain à cacheter.
Pagée. Travée. Pas.
Palette. Visière.
Palot. Lourd, lourdaud.
Pantoute. Pas du tout.
Parapel. Trottoir.
Patinoir. V. plus haut.
Paupilles. Paupières.
Penille. Guenilles.
Pensionner. Prendre pension.
Pente. Ornière.
Piasser. Piailler.

Picocher. Picorer.
Plumer. *Plumer une anguille, un lièvre, un fruit*. Singulier abus de l'analogie. Au Canada on *plume* même les arbres et surtout le bouleau.
Poque. Coups de point.
Potage. V. plus haut.
Poudrerie. V. plus haut.
Préférentiel. Privilégié.
Premier. Premier ministre.
Prime. Primesautier.
Privée. *Lettre privée*, personnelle.
Public. Fréquenté.
Rabat. Auvent.
Raccroc. Circuit, détour.
Rafle. Loterie.
Rafler. Mettre en loterie.
Raide. Vite.
Rance. Rancune.
Raquette. Chaussure à neige.
Respir. Respiration.
Robe (Dans une robe). En robe.
Sableux. Sablonneux.
Saccage. Grande quantité.
Salade. Laitue.
Sapinage. Branches de sapin.
Sasaqua. Tapage.
Saut. Chute d'eau.
Sauter. Franchir les rapides.
Semblance. Apparence.
Semences. Semailles.
Souci. Sourcil.
Souris-chaude. Chauve-souris.
Termes (Parler en). Affecter des mots choisis et corrects.
Tinton. Tintement.
Toilette (Construire une).
Tombe. Cercueil.
Toquer. Battre (du cœur). Frapper de la tête. *Cornu ferit ille* (Virgile, *Ecl.* IX).
Traine. Grand traîneau.

TRAINEAU. Le traîneau est très petit et attelé de chiens.
TRAVAIL. Brancard.
TRAVERSE. Traversée.
TRIC-TRAC. Crécelle.
TUER LA CHANDELLE. La souffler.
VALOIR. Être riche de... (américanisme).
VIRE. Atout.

VOYAGE (Partir pour).
ZIGONNER. V. Cisailler.
ZIGAILLER. V. Cisailler.

NOTE. On a omis les mots anglais et les anglicismes dont un dictionnaire anglais-français donnera facilement la clef.

NOTA. — La plupart des mots de ce petit glossaire sont usités en quelques provinces françaises, Bretagne, Champagne, Berri, Lorraine, Picardie, Normandie, Poitou ; leur réunion dans un même dialecte caractérise la langue canadienne, qui, de tant d'emprunts, s'est composée une originalité. — Le *Glossaire Franco-Canadien* de M. Oscar Dunn, Québec, 1880, in-32, a servi de base à notre travail.

TABLE DES MATIÈRES

	Pages
L'oiseau bleu du Canada apologue pour servir de préface	VII
Introduction. — Les deux races.	9

PREMIÈRE PARTIE.

LE PAYS, LES HOMMES, LES CHOSES.

Chap. premier. — Les secondes découvertes	25
Chap. II. — Le Gouvernement	37
Chap. III. — Histoire et politique	45
Chap. IV. — La Colonisation	55
Chap. V — Le Saint-Laurent	67
Chap. VI. — Québec	81
Chap. VII. — Promenades	101
Chap. VIII. — Les environs de Québec	113
Chap. IX. — Montréal	127
Chap. X. — Le Nord-Ouest	145
Chap. XI. — Les Métis français	161

DEUXIÈME PARTIE.

LA LANGUE, LA LITTÉRATURE, LES MOEURS.

Chap. XII. — La langue française au Canada	177
Chap. XIII. — Les écrivains	189

TABLE DES MATIÈRES.

Pages

Chap. XIV. — La poésie et les poètes.................................... 199
Chap. XV. — La littérature populaire........................... 213
Chap. XVI. — Le paysan chez lui.................................. 231
Chap. XVII. — Le cheval enchanté................................ 239
Chap. XVIII. — Petit glossaire canadien-français................ 249

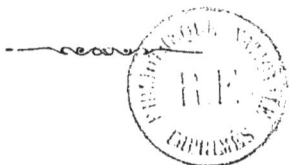

BIBLIOTHÈQUE INSTRUCTIVE ET AMUSANTE

Septième série.

FORMAT IN-8° CAVALIER, ILLUSTRÉ.

- LE PETIT EXPLORATEUR, par Mme L. Hameau.
- FILLE DES CHAMPS, par L. de Hessem.
- LA PATRIE EN DANGER, par Gustave Marchal.
- LE MOUJIK, par Jacques Fernay.
- AU PAYS DES NÈGRES, peuplades et paysages d'Afrique, par V. Tissot et C. Améro.
- POMPÉI, par B. de Lagrèze.
- LES CRIS DE PARIS, par V. Fournel.
- LE POLE NORD, par V. Tissot et C. Améro.
- DANS LES PAMPAS, LES ÉMIGRANTS, par G. Henty.
- LES PEUPLES ÉTRANGES, par V. Tissot et C. Améro.
- LE NAIN NOIR, par Walter Scott.
- LA TERRE DES PHARAONS, par M. Legrand.
- LES FRANÇAIS AU CANADA, par R. de Gourmont.
- WASHINGTON, par Léo Joubert.
- LES DERNIERS PEAUX-ROUGES, par V. Tissot et C. Améro.
- DANS LES PAMPAS, LES JEUNES COLONS, par G. Henty.
- L'EXPÉDITION D'ÉGYPTE, par Roger Peyre.
- AUX ANTIPODES, Terres et peuplades peu connues de l'Océanie, par V. Tissot et C. Améro.
- AVENTURES ET CHASSES CHEZ LES ZOULOUS, par V. Tissot.

Huitième série.

FORMAT IN-8° RAISIN, ILLUSTRÉ

- BELLE-BOULE, par Marie de Grand-Maison.
- LES CANADIENS DE FRANCE, par Remi de Gourmont.
- DÉSERTEUR! par Sophie de Cantelou.
- LA VALLÉE DU NIL, par Maxime Legrand.
- VIE DU GÉNÉRAL DROUOT, par Sylva Consul.
- ALEXANDRE LE GRAND, par Léo Joubert.
- ROBINSON DANS SON ILE, par D. de Foë.
- FORESTER, par Miss Edgeworth.
- LOUIS XI ET CHARLES LE TÉMÉRAIRE, par Eug. Asse.
- L'EXPOSITION UNIVERSELLE DE 1889, par Maurice Brincourt.
- L'ACADÉMIE FRANÇAISE, par Eugène Asse.
- LA GAULE ET LES GAULOIS, par Léo Joubert.
- AU PAYS DES FARFADETS, par Sophie de Cantelou.

TYPOGRAPHIE FIRMIN-DIDOT ET Cie. — MESNIL (EURE).

www.ingramcontent.com/pod-product-compliance
Lightning Source LLC
Chambersburg PA
CBHW070628170426
43200CB00010B/1947